Barbara Kettl-Römer

So erziehen Sie Ihre Kinder im Umgang mit Geld

Barbara Kettl-Römer

So erziehen Sie Ihre Kinder im Umgang mit Geld

FinanzBuch Verlag

Bibliografische Information der Deutschen Nationalbibliothek:
Die Deutsche Nationalbibliothek verzeichnet diese Publikation in der Deutschen National-
bibliografie; detaillierte bibliografische Daten sind im Internet über http://d-nb.de abrufbar.

Korrektorat: Christiane Kauer, Bad Vilbel
Layout und Satz: Druckerei Joh. Walch, Augsburg
Druck: Konrad Triltsch GmbH, Ochsenfurt

Barbara Kettl-Römer · So erziehen Sie Ihre Kinder im Umgang mit Geld
2. Auflage 2011
© 2010 FinanzBuch Verlag GmbH
Nymphenburger Straße 86
80636 München
Tel.: 089 651285-0
Fax: 089 652096

Für Fragen und Anregungen:
kettl-roemer@finanzbuchverlag.de

ISBN 978-3-89879-513-5

┌─ Weitere Infos zum Thema ─

www.finanzbuchverlag.de
Gerne übersenden wir Ihnen unser aktuelles Verlagsprogramm.

Inhalt

Vorwort

Erziehung ist eine mühsame Sache. Tag für Tag bemühen wir Eltern uns darum, den lieben Kleinen und Größeren Liebe und Zuwendung zu schenken und ihnen die wesentlichen Kulturtechniken unserer Gesellschaft zu vermitteln: bei Tisch das Besteck zu nutzen statt der Finger, geräuscharm zu kauen und zu trinken, Bitte und Danke zu sagen, Freunde und Bekannte eines Grußes zu würdigen, sich regelmäßig Zähne und Füße zu schrubben, in der Schule fleißig zu sein, Konflikte nicht mit den Fäusten, sondern mit cleveren Argumenten zu bestreiten, und und und. Und jetzt auch noch der Umgang mit Geld. Muss das sein?

Da Sie dieses Buch in den Händen halten, werden Sie diese Frage wahrscheinlich genau wie ich mit »Ja« beantworten. Ziel all unserer Erziehungsbemühungen ist es ja letztlich, unsere Kinder zu lebenstüchtigen Erwachsenen heranwachsen zu lassen. Zu Persönlichkeiten, die ihre Fähigkeiten und Begabungen zu ihrer Freude und zum Nutzen anderer einsetzen, die in der Lage sind, ein selbstbestimmtes Leben zu führen und irgendwann selbst eine Familie zu gründen.

Ohne Geld ist das nicht möglich. Geld ist das Tauschmittel, das unsere Arbeit in Wert »übersetzt« und uns eine Teilnahme am Leben in unserer Gesellschaft ermöglicht. Es ist gleichzeitig ein Wertaufbewahrungsmittel, das es uns erlaubt, Vermögen aufzubauen und uns damit gegen viele Wechselfälle des Lebens absichert. Egal, welche Werte und Ziele wir in unserem Leben vorrangig verfolgen, wir alle müssen unseren Lebensunterhalt bestreiten und brauchen dafür Geld. Für unseren Stolz und unsere Freiheit ist es am besten, wenn es unser eigenes, selbst erworbenes Geld ist, das wir dafür einsetzen.

Geld sollte kein Selbstzweck und kein Lebensziel sein. Aber um unsere Ziele im Leben zu erreichen, müssen wir Geld verdienen, einteilen, sparen und insgesamt damit haushalten. Das sollen auch unsere Kinder lernen. Nur wie?

Es gibt unzählige Ratgeber für Eltern, in denen Sie sich informieren können, wie das Stillen klappt, wie die richtige Ernährung auszusehen hat, wie Kinder ein- und durchschlafen lernen, wie Sie Regeln durchsetzen, die Motorik trainieren, das schulische Lernen unterstützen, an den Manieren Ihrer Kinder feilen und ihre Pubertät überstehen. Aber wie Sie ihnen am besten den Umgang mit Geld beibringen, dazu gibt es nur wenig Rat.

Ziel dieses Buches ist es, diese Lücke zu schließen und Ihnen aufzuzeigen, wie Gelderziehung bewusst und unbewusst funktioniert, welche Bausteine dazugehören und wie Sie Ihren Kindern jeweils altersgerechte Geld-Lernaufgaben geben. Ich habe dazu viel recherchiert, mit Psychologen, Pädagogen, Bankern und Juristen gesprochen, mich mit anderen Eltern ausgetauscht und aus meiner eigenen Erfahrung geschöpft. Dieses Wissen möchte ich mit Ihnen teilen.

Geld ist als Erziehungsthema mindestens so komplex wie Ernährung oder schulische Leistung und meiner Meinung nach mindestens genauso wichtig. Deshalb sollten wir uns genauso viele Gedanken darüber machen, es in der Familie thematisieren und gemeinsam daran arbeiten. In diesem Buch lesen Sie, wie das funktionieren kann.

Eine ebenso unterhaltsame wie nutzbringende Lektüre wünscht Ihnen
Barbara Kettl-Römer

1

Inwieweit ist Geld überhaupt ein Erziehungsthema?

Das Geld, das man besitzt, ist das Instrument der Freiheit.
Das Geld, dem man nachjagt, ist das Instrument der Knechtschaft.
JEAN-JACQUES ROUSSEAU

»Über Geld spricht man nicht.« Nach dieser Devise wurden schon unsere Eltern und Großeltern erzogen, und sie ist immer noch gültig. Selbst wenn wir uns auf Partys über Aktienkäufe oder die Finanzkrise unterhalten: Geld ist nach wie vor kein übliches Gesprächsthema. Unsere persönliche Finanzlage oder gar unser Einkommen teilen wir anderen erst recht nicht mit. Sie könnten ja neidisch werden, oder, noch schlimmer, mitleidig auf uns herabsehen.

Dabei beschäftigen wir uns täglich mit Geld. Wir geben es beim Lebensmitteleinkauf aus, holen frische Scheine am Bankautomaten, überweisen Rechnungsbeträge und zählen das Wechselgeld nach. Wenn das Geld knapp ist, machen wir uns Sorgen, verzichten auf Spontankäufe und suchen ausdauernd nach Tiefstpreisen. Wenn es gerade sprudelt, fühlen wir uns freudig, sicher oder sogar stolz und gönnen uns das eine oder andere Extra. All das beobachten unsere Kinder mit der ihnen eigenen Aufmerksamkeit. Und sie machen sich ihren eigenen Reim auf die Rolle und Bedeutung des Geldes:

▶ **Geld bedeutet Macht.** Die Erwachsenen haben das Geld, und sie bestimmen, was gekauft wird und was nicht.
▶ **Geld bedeutet Genuss.** Mit Geld kann man sich schöne Dinge kaufen und tolle Ausflüge machen.
▶ **Geld bedeutet Wahlfreiheit.** Ich kann es für ein Eis oder ein Comic ausgeben oder es sparen und dann dafür ein Handy kaufen.
▶ **Geld bedeutet Arbeit.** Die Erwachsenen müssen das Geld erst verdienen, das die Familie ausgibt.

▶ **Geld bedeutet Sicherheit.** Wenn man genug Geld hat, kann man immer gut leben.

▶ **Geld bedeutet Anerkennung.** Wer Geld hat, kann mithalten. Ein Mangel an Geld kann ein Grund zur Scham sein, wenn man weniger hat als die anderen, sich weniger leisten kann und wegen der No-Name-Klamotten ausgelacht wird.

Geld ist also schon für Kinder mit vielen Gefühlen aufgeladen. Genau wie für uns Erwachsene. Aus Sicht unserer Kinder ist Geld einer der wichtigsten Schlüssel zum Erwachsensein. »Über Geld spricht man nicht« ist daher eine verwirrende Botschaft für sie. Warum wird über etwas so Wichtiges nicht gesprochen? Ist da etwas Verbotenes, Gefährliches, Verwerfliches dran? Und wenn Sie nicht darüber sprechen: Wie soll Ihr Kind den Umgang mit Geld denn dann lernen? Aus den Medien? Von Freunden? In der Schule?

Diesen äußeren Einflüssen wollen Sie Ihre sonstige Erziehung doch auch nicht allein überlassen. Es wäre auch riskant. Denn wer nicht lernt, mit Geld umzugehen, gerät früher oder später in Zahlungsschwierigkeiten, verschuldet sich, muss vielleicht sogar eine Privatinsolvenz anmelden. Und das wünschen wir unseren Kindern sicher nicht.

Zahlen und Fakten zur Verschuldung von Jugendlichen und Haushalten in Deutschland

Jugendliche unter 18 Jahren sind bei Banken oder anderen Unternehmen schon deswegen nicht verschuldet, weil sie weder einen Kreditvertrag, noch einen Ratenkauf alleine abschließen dürfen. Dennoch hatten 8 Prozent der 14- bis 24-Jährigen schon einmal mehr Schulden, als sie zurückzahlen konnten. Bei immerhin 35 Prozent der Betroffenen handelte es sich um Beträge von über 1.000 Euro, bei etwa einem Viertel ging es um Kleinbeträge von unter 100 Euro.

Den Löwenanteil dieser Schulden (50 Prozent) hatten sie bei Eltern, Freunden und Verwandten. Jugendliche über 18 Jahren waren auch durch Bankkredite (18 Prozent) oder durch Ratenkäufe (20 Prozent) in finanzielle Schwierigkeiten geraten.[1] Insgesamt ist also die Zahl tatsächlich überschuldeter junger Erwachsener eher gering.

---

1) Jugendstudie 2009 des Bundesverbandes deutscher Banken, Seite 17

Das aber kann sich im Laufe ihres Lebens ändern.

Eines sei vorausgeschickt: Ein Kredit ist an sich nichts Schlechtes, im Gegenteil: Ohne Kredite kann eine entwickelte Wirtschaft nicht existieren. Unternehmen können sich nicht voll aus eigener Kraft finanzieren, sondern sind darauf angewiesen, größere Investitionen mit dem Geld Dritter zu finanzieren, um daraus neue, größere Werte zu erwirtschaften.

Auch für Verbraucher sind Kredite heute etwas Selbstverständliches: Ein eigenes Haus oder auch eine Wohnung kann praktisch niemand ohne Kredit finanzieren. Gut, dass man da zur Bank gehen und ein Hypothekendarlehen aufnehmen kann.

Weniger gut ist, dass Kredite im ganz normalen Alltagskonsum inzwischen ebenfalls nichts Ungewöhnliches mehr sind. Man kauft Kleidung beim Versender ebenso auf Raten wie die neue Küche im Möbelhaus, finanziert das Auto über eine Autobank und den Urlaub über einen Sofortkredit.

Kredite für den Konsum sind aber grundsätzlich bedenklich, weil sie nach dem Prinzip »erst konsumieren, dann bezahlen« funktionieren. Das geliehene Geld wird eben nicht für Investitionen im Sinne neuer Werterzeugung und auch nicht für den Bau der Altersvorsorge »Immobilie« verwendet, sondern für Dinge, deren Wert sich verringert. Man zahlt monatelang etwas ab, das man längst nutzt und das schon lange nur noch einen Bruchteil seines Neuwerts besitzt. Noch schlimmer ist es beim Urlaub auf Pump: Wer sich den geleistet hat, zahlt noch ein Jahr später für ein vergangenes und schon beinahe vergessenes Vergnügen.

Wenn Kredite zu leicht verfügbar sind, werden viele Menschen dazu verführt, sich Dinge zu kaufen, die sie sich eigentlich nicht leisten können. Die vielen kleinen und großen Raten summieren sich, bis sie aus dem laufenden Einkommen nicht mehr bezahlt werden können. Aus der Verschuldung ist eine Überschuldung geworden.

Das ist bereits im Kleinen, auf der Ebene des betroffenen Menschen bzw. seiner Familie, eine Tragödie. Im Gesamten ist daraus jüngst die größte Wirtschaftskrise seit Jahrzehnten geworden: Hunderttausende amerikanischer Kleinverdiener hatten sich auf Kredit Häuser gekauft, die sie nicht bezahlen konnten und mit leicht verfügbaren Kreditkarten-Krediten über ihre Verhältnisse gelebt. Heute sitzen sie auf der Straße, die Häuser verrotten, viele Unternehmen sind wegen des Nachfrageeinbruchs pleitegegangen, einige Banken sind zusammengebrochen und die übrigen sind heute so zögerlich mit der Kreditvergabe, dass sie dafür schon wieder gerügt werden.

Mit seinem Geld auszukommen heißt: langfristig nicht mehr auszugeben als man einnimmt. Das bedeutet, sich nicht mehr Kredite ans Bein zu binden, als unbedingt nötig sind und als man aus dem laufenden Einkommen bezahlen kann, ohne deswegen seinen Lebensunterhalt zu gefährden. Das ist vom Prinzip her schon beinahe lächerlich einfach. In der Praxis kann es aber ganz schön schwierig werden.

In Deutschland gelten heute etwa drei bis vier Millionen Privathaushalte als »überschuldet«.[2] Das heißt: Sie sind dauerhaft nicht mehr in der Lage, ihren Zahlungsverpflichtungen nachzukommen. Es gibt mehrere Gründe, warum Menschen in eine solche finanzielle Notlage geraten: Zu den häufigsten Ursachen zählen Arbeitslosigkeit und die damit verbundenen Einkommenseinbußen (29 Prozent), Veränderungen der Lebensumstände wie Trennung, Scheidung oder Tod des Partners (14 Prozent) sowie Krankheit, Unfälle bzw. Suchtprobleme (9,8 Prozent) und nicht zuletzt eine unwirtschaftliche Haushaltsführung (immerhin noch 8,6 Prozent der in den Verbraucherberatungen erfassten Fälle!).[3]

Häufig hatten die Betroffenen schon vor dem Eintreten der eigentlichen Ursache ihr Budget »auf Kante genäht«, so dass die überraschenden Einkommenseinbußen nicht durch entsprechende Einsparungen kompensiert werden konnten. Die Verbraucherzentralen weisen daher auch mahnend auf die zum Teil leichtfertige Kreditvergabe der Banken und auf die mangelnde finanzielle Bildung vieler Verbraucher hin.

Was noch allzu vielen Menschen nicht klar ist: Banken und Kreditinstitute beraten nicht unbedingt im Sinne ihrer Kunden, sondern eher mit Blick auf den eigenen Verdienst und die Höhe der durch ein Geschäft erzielbaren Provision. Sie verlangen von Kunden mit kleinem Einkommen und daher geringer Bonität besonders hohe Zinsen, sichern sich gegen den Kreditausfall mit einer Restschuldversicherung ab, welche das Darlehen für den Kunden nochmals verteuert, und bieten im Falle von Zahlungsschwierigkeiten erst einmal keine Stundung, sondern eine Umschuldung an – die gleich neue Gebühren in die Kasse der Bank spült. Sie nutzen das Vertrauen und die Unwissenheit dieser Kunden kühl kalkulierend aus.

Das mag moralisch zweifelhaft sein, ist aber in den meisten Fällen durchaus legal. Eine Bank hat als Marktteilnehmer ihren eigenen Vorteil und Gewinn

---

2) Schuldenreport 2009 des Verbraucherzentrale Bundesverbandes, Seite 18
3) ebenda, Seite 33f.

im Sinn, wenn sie Kredite und Geldprodukte unters Volk bringt. Ein mündiger und gut informierter Bürger weiß das, berücksichtigt es bei seinen Überlegungen und fragt gezielt die Produkte nach, die wiederum für ihn am vorteilhaftesten sind.

Aber was ist mit den Bürgern, die über Geldthemen weder informiert, noch an ihnen interessiert sind?

Immerhin dürften die Banken aufgrund der aktuellen Finanzkrise zurückhaltender mit dem Geldverleihen sein und noch eine Weile bleiben. Der finanzielle Bildungsstand der Bevölkerung wird sich aber nicht so schnell ändern. Praktisch alle aktuellen Untersuchungen zu diesem Thema erbringen einen »insgesamt erschreckend niedrigen Stand an Wortverständnis, Ausdrucksfähigkeit und/oder Kenntnis über wirtschaftliche und finanzielle Dinge des Lebens.«[4]

Viele Verbände, auch der Verbraucherzentrale Bundesverband und sogar der Bankenverband, fordern eine solide und durchgängige Bildung in Sachen Wirtschaft und Geld an den Schulen. Die gibt es derzeit noch nicht. Die Grundschüler lernen zwar, mit Geld zu rechnen. Aber sie lernen nicht, damit umzugehen. An den Hauptschulen und weiterführenden Schulen gibt es je nach Bundesland mehr oder weniger spät ein paar Stunden Wirtschaft. Dort wird meist ein Mix aus Volkswirtschaftslehre, Betriebswirtschaftslehre und Recht gelehrt, und das mit durchaus zweifelhaftem Erfolg, wie verschiedene Befragungen zeigen (mehr dazu lesen Sie in Kapitel 6).

Was die Schule in Sachen Bildung nicht leistet, müssen Sie als Eltern Ihrem Kind beibringen. Aber was soll Ihr Kind da eigentlich lernen? Und wie?

Was Kinder in Bezug auf Geld lernen sollten

Dreierlei Menschen haben kein Geld:
die Verschwender, die Armen und die Geizigen.
PETER ALTENBERG

Ich glaube, mit diesem Zitat ist schon ganz gut abgesteckt, in welchem Spannungsfeld sich die Gelderziehung bewegt: Wir wollen nicht, dass unsere Kin-

---

4) Michael-Burkhard Piorkowsky: »Finanzielle Bildung« im Schuldenreport 2009 des Verbraucherzentrale Bundesverbandes, S. 143

der heute oder später finanzielle Not leiden müssen. Sie sollen am gesellschaftlichen Leben teilhaben und sich einen vernünftigen Lebensstil leisten können. Es mag sein, dass Armut adelt, aber sie ist für die meisten von uns kein Erziehungsziel. Reichtum ist übrigens merkwürdigerweise für die meisten deutschen Eltern auch keines. Anders als beispielsweise den meisten US-Amerikanern ist Reichtum uns Deutschen immer ein wenig verdächtig: Wer reich ist, ist bestimmt schrecklich hinter dem Geld her und hat deswegen weniger menschliche Qualitäten. Das ist natürlich ein Vorurteil, aber eines, das sich hartnäckig hält.

Wie auch immer: Unsere Kinder sollen genug Geld für ihre Ausgaben haben und das Ausgeben auch genießen. Das bedeutet schon wieder Spannung zwischen zwei Extremen: Wir wollen keine shoppingsüchtigen Prasser großziehen, die ihr ganzes Einkommen demonstrativ verschleudern. Verschwendung ist uns Eltern ebenso ein Gräuel wie die oberflächliche Gleichsetzung von Konsum mit menschlichem Wert. Geld soll nicht nur konsumiert, sondern auch gespart werden. Aber bitte auch das nicht in übertriebenem Maße. Sparsamkeit gilt uns als Tugend. Geiz ist dagegen nicht nur im Katholizismus eine Todsünde. Wer sich und anderen keinen Cent gönnt und sein Vergnügen nur am Geldhorten findet, findet weder elterliche Billigung noch sonstige Anerkennung in der Gesellschaft.

Was unsere Kinder lernen sollen, ist also letztlich das gesunde Mittelmaß. Sie sollen lernen:

- ▶ produktiv, bewusst und aktiv am Wirtschaftskreislauf teilzunehmen;
- ▶ Geld in seiner Funktion als Tausch- und Wertaufbewahrungsmittel in einer arbeitsteilig organisierten Volkswirtschaft zu begreifen;
- ▶ es weder zu verachten noch anzubeten;
- ▶ es einzuteilen und damit zu haushalten;
- ▶ einen Teil mit möglichst viel Nutzen und Genuss auszugeben und einen Teil zu sparen und zu Vorsorgezwecken anzulegen;
- ▶ verschiedene Finanzdienstleistungen gegeneinander abzuwägen und sich für die den eigenen Zielen am ehesten entsprechenden zu entscheiden;
- ▶ um aus dem eigenen Einkommen so frei und selbstbestimmt wie möglich in unserer Gesellschaft zu leben
- ▶ sowie zu erkennen, dass Geld zwar eine notwendige Bedingung für dieses Leben ist, aber nicht das Maß aller Dinge sein darf.

Aber wie können wir ihnen das beibringen?

Im Gespräch

Interview mit *Professor Dr. Engelbert Fuchtmann*, Vorstand im Landesverband Bayern des Berufsverbandes Deutscher Psychologinnen und Psychologen e. V.

Geld ist für viele Menschen ein Tabuthema. »Über Geld spricht man nicht«, gilt immer noch als Regel. Warum eigentlich?

Ja, das haben die meisten von uns in ihrer Sozialisation gelernt: Geld ist ein Thema, über das man nicht spricht. Ich denke, dass das tiefenpsychologische Ursachen hat. Über Jahrhunderte hinweg haben Menschen zwei Botschaften über Geld verinnerlicht: zum einen, dass es gefährlich ist, über Geld zu sprechen. Denn die anderen denken, wer darüber spricht, hat welches. Dann entstehen Neid und eine akute Gefährdung; Es kommen Räuber oder auch der geldgierige Grundherr und seine brutalen Steuereintreiber und nehmen einem das Geld weg.

Zum anderen besteht vor allem in konservativ christlichen Kreisen die Einstellung, dass Geld von Übel ist. In der Bibel kommen die Armen immer besser weg als die Reichen. Man denke nur an den berühmten Spruch Jesu, eher gehe ein Kamel durch ein Nadelöhr als dass ein Reicher in den Himmel komme. Geld wurde mit Negativem verbunden wie Geldgier, Geiz und Anbetung des Götzen Mammon. Also hat man sich lieber weggeduckt und nicht darüber geredet.

Wie wird heute in Familien mit dem Thema Geld umgegangen?

Das ist auch heute noch mit vielen Heimlichkeiten verbunden. In einem Drittel der Familien weiß beispielsweise die Frau nicht, wie viel ihr Mann eigentlich verdient. Oft haben die Frauen nur ein Haushalts- oder »Taschengeldkonto«. Zwar verwalten in den meisten Familien die Frauen das Haushaltsgeld, aber bei großen Anschaffungen zeigt sich, dass Geld auch Macht bedeutet: »Wer zahlt, schafft an«, heißt es dann, und der Mann kauft das Auto seiner Wahl. Kinder nehmen diese Dinge sehr früh wahr, sowohl die Heimlichkeiten als auch die Machtverhältnisse. Und vieles von dem, was daheim an Einstellungen zum Thema Geld besteht und wie damit umgegangen wird, übernehmen sie im Laufe ihrer Sozialisation.

Soll man Kinder Ihrer Meinung nach überhaupt zum Umgang mit Geld erziehen?

Ja, natürlich. Dabei sollten Sie sich aber dessen bewusst sein, dass Sie Ihren Kindern auch eine Gelderziehung mitgeben, wenn Sie das nicht gezielt vorhaben.

Die Gelderziehung beginnt nämlich mit Ihrem Lebensstil: Wohnen Sie in einem großen Haus oder in einer kleinen Wohnung? Kaufen Sie regelmäßig ein neues, großes Auto oder fahren Sie einen billigen Gebrauchten? Ist der Kühlschrank immer voll oder gibt es zum Monatsende hin nur noch Nudeln? Wird großzügig eingekauft und auch mal spontan einem Wunsch der Kinder nachgegeben? Oder wird über Geld gestritten, jeder Cent zweimal umgedreht? Das erlebt das Kind so oder so, und zwar über Jahre hinweg. Das prägt seine eigene Einstellung zum Geld, ob Sie es nun wollen oder nicht.

Dann brauchen wir mit den Kindern gar nicht extra über Geld zu sprechen?

Doch, das sollten Sie tun. Je transparenter Sie mit Ihrem Geld umgehen, desto weniger tabubehaftet wird es für Ihre Kinder. Die Kinder sollen ja sehen, dass Geld eben nichts Heimliches, Verbotenes und Machtbelastetes ist, sondern dass es erarbeitet und anschließend im Familienrat zweckmäßig verteilt werden muss.

Sie sollen auch verstehen, dass Geld ein Tauschmittel ist, hinter dem ein Wert steckt, der auf menschlicher Arbeit basiert. Menschen können durch ihre Arbeit Wert schaffen. Das ist eine wichtige Erkenntnis. Und sie setzen Geld als Tauschmittel ein, um ihren Lebensunterhalt zu bestreiten. Geld, das nur herumliegt, hat in diesem Sinne keinen Wert. Diese Zusammenhänge müssen einem Kind erklärt werden, aber es muss sie auch selbst erleben.

»Transparenz« in diesem Sinne heißt auch, dass ein älteres Kind weiß, was die Eltern verdienen und welche Ausgaben in welcher Höhe sie davon bestreiten müssen. Reiche Eltern sollten in Sachen Transparenz allerdings ein wenig zurückstecken. Wenn Sie wahrheitsgemäß sagen: »Wir haben 20 Millionen und du kannst alles haben, was du willst«, wäre das im Sinne der Gelderziehung eher schädlich.

Ab welchem Alter ist das Reden über Geld sinnvoll?
Schon kleine Kinder lernen über teilnehmende Beobachtung. Sie sehen im Supermarkt, dass Mama Essen in den Korb legt und dafür Geld gibt und auf der Bank, dass man Geld holen muss. Sobald das Kind einfache Zusammenhänge verstehen kann, etwa mit vier oder fünf Jahren, können Sie mit altersgerechten Erklärungen beginnen, etwa so: »Mama und Papa verdienen mit ihrer Arbeit Geld und davon kaufen sie das Essen und die Kleidung.« Mit älteren Kindern kann man gut über den Wert von Dingen diskutieren und gemeinsam überlegen, ob man etwas wirklich braucht oder nicht.

Sehr schön finde ich es, wenn die Kinder in das familiäre Geldsystem hineingenommen werden. Meine Großmutter beispielsweise wuchs im ländlichen Polen auf, und dort war es üblich, nach dem Verkauf eines Schweines den Erlös in der Familie aufzuteilen. Auch die Kinder bekamen ein paar Münzen davon ab, das sogenannte »Schwanzgeld«. So erlebten sie, woher das Geld kommt und dass alle profitierten, wenn der elterliche Hof Wert in Form gut genährter Schweine schuf.

Nun leben wir heute in einer vergleichsweise reichen Gesellschaft, in der Kinder Taschengeld statt Schwanzgeld bekommen und wir ihnen viele ihrer Wünsche erfüllen können. Wie kann Gelderziehung da funktionieren?
(lacht) Tja, Erziehung ist und bleibt ein hartes Geschäft. Grundsätzlich gilt: Verwöhnung, also die voraussetzungslose Erfüllung von Wünschen, schadet. Wenn Sie wollen, dass Ihr Kind den Wert des Geldes kennt, es einteilen und auch sparen lernt, müssen Sie ihm sogenannte Frustrationsaufgaben stellen. Gemeint ist nicht, dass Sie es absichtlich frustrieren, sondern dass Sie ihm altersgerechte Leistungsaufgaben stellen. Etwa dass Sie eine von ihm gewünschte, aber nicht unbedingt notwendige Anschaffung zwar unterstützen, es aber dafür auch etwas von seinem

Taschengeld sparen und einsetzen muss. Oder dass es sich durch Extra-aufgaben Geld hinzuverdienen kann und muss. Wer monatelang auf seinen Nintendo DS gespart hat, wird seinen Wert ganz anders einschätzen als jemand, der ihn neben 20 anderen Geschenken unterm Weihnachtsbaum gefunden hat. Pädagogisch ist es sehr sinnvoll, Kinder erleben zu lassen, dass Geld knapp ist und nicht vom Himmel fällt. Das schützt gegen unangemessene Ansprüche und Verschwendung.

2

So kann es mit der Gelderziehung klappen

Eine gute Erziehung ist die beste Ökonomie
und Unwissenheit die teuerste Sache im Lande.
ADAM SMITH

Wie funktionieren Erziehung, Lernen und Bildung überhaupt?

Insgesamt sind das sehr komplexe Prozesse, die auf mehreren Ebenen ablaufen. Kinder lernen (wie Erwachsene auch) teilweise bewusst, teilweise unbewusst, und zwar vorwiegend über ihre Sinne: durch beobachten, hören und tun.

Tun: Das Baby schreit vor Hunger und lernt: »Wenn ich schreie, kommt meine Mama oder mein Papa und füttert mich.« Das Kleinkind zeigt im Supermarkt auf das Süßwarenregal an der Kasse und lernt: »Wenn ich lange genug quengele oder die Mama ganz charmant anflöte, bekomme ich die Schokolade.« Das Kindergartenkind reicht zum ersten Mal der Kassiererin ein 5-Cent-Stück und lernt: »Wenn ich der Frau das Geld gebe, darf ich den Lutscher mit nach Hause nehmen.« Das Grundschulkind verfügt nach Lust und Laune über sein Taschengeld und lernt: »Wenn ich das Geld heute für Süßigkeiten ausgebe und alle auf einmal aufesse, ist mir heute schlecht und den Rest der Woche habe ich weder Geld noch Süßigkeiten.«

Beobachten: Kinder sind sehr aufmerksame Beobachter. Sie sehen, dass die Kassiererin Geld bekommt und eventuell welches zurückgibt. Sie begreifen schnell, dass Geld nicht im Garten wächst, sondern dass es auf der Bank geholt werden muss. Sie sind höchst interessiert an den geheimnisvollen Geldautomaten, an denen man nur verschiedene Tasten drücken muss, um anschließend Geldscheine aus dem Ausgabeschlitz ziehen zu können.

Sie nehmen genauso intensiv wahr, dass am Geld Gefühle hängen: dass Mama sich freut, wenn sie mit einem hübschen neuen Kleidungsstück aus der

Stadt kommt, dass sie sich ärgert, wenn das Benzin teurer geworden ist und dass sie voller Konzentration Preise vergleicht und da einkauft, wo es billiger ist. Ältere Kinder beobachten auch die Unterschiede im Lebensstil ganz genau: Welcher Schulfreund hat ein größeres Zimmer, die tolleren Computerspiele und das coolere Fahrrad? Sind die etwa reicher als wir?

Hören: Was ein Kind nicht direkt ausprobieren oder beobachten kann, lernt es durch die Erklärungen von Eltern, Lehrern und Medien. Wie eine arbeitsteilige Volkswirtschaft funktioniert, welche Rolle Geld und Kredit dabei spielen, wie durch Arbeit Wert erzeugt und damit Geld verdient wird, wie der bargeldlose Zahlungsverkehr abgewickelt wird, was der Zinseszinseffekt ist und wie der Einzelne sich gegen bestimmte Risiken finanziell absichern und für sein Alter vorsorgen kann, ist abstraktes Wissen, das in einem gezielten Wissensvermittlungsprozess weitergegeben werden kann und muss. Zum Hören gehört auch das Lesen.

Am meisten lernen Kinder von ihrem wichtigsten Vorbild: von Ihnen

>*»Es gibt keine andere vernünftige Erziehung, als Vorbild sein,*
>*wenn es nicht anders geht, ein abschreckendes.«*
>ALBERT EINSTEIN

Die Erfahrungen der frühen Kindheit und das Vorbild der Eltern prägen das menschliche Verhalten so nachhaltig wie kein anderer Einfluss. Ein Kind, das sich von Anfang an bedingungslos geliebt, beschützt und beachtet fühlt, nimmt sich als liebens- und beachtenswerte Person wahr und entwickelt ein gesundes Selbstvertrauen. Ein Kind, das wenig Zuwendung erfährt, sucht andere Quellen, um sein Selbstwertgefühl zu stärken. Es wird vielleicht besonders ehrgeizig und leistungsorientiert, um Anerkennung durch Lehrer und Mitschüler zu erfahren, oder es spielt den Klassenclown, um beachtet zu werden oder es versucht, andere durch Statussymbole wie ein supercooles Handy oder das neueste Killerspiel zu beeindrucken.

Mein Großvater musste schon als Kind körperlich schwer auf dem elterlichen Hof und beim Bau des neuen Hauses mitarbeiten. Geld war immer knapp und es musste sehr sparsam gewirtschaftet werden. Man wurde eben so satt, aber für mehr reichte es nicht. Als junger Mann erlebte er den Krieg und mehrjährige Gefangenschaft in Russland, musste auch dort schwer arbeiten und überdies hungern.

Diese Erfahrungen bestimmten seinen Lebensstil für den Rest seines langen Lebens: Die nächsten 60 Jahre arbeitete er viel und hart, sparte eisern und aß, so viel er bekommen konnte. Wer konnte schon wissen, wann die nächsten Notzeiten kommen würden? Seine Tochter, meine Mutter, ging zur Lehre in die Stadt und wählte einen völlig anderen Weg: Sie wollte das Leben genießen, ausgehen und sich amüsieren, sich etwas gönnen und sich Bildung und feine Lebensart aneignen.

Beider Verhaltenweisen waren völlig gegensätzlich, dabei aber typische Reaktionen auf den Geld- und Lebensstil der Eltern. Typisch sind nämlich die Extreme: Entweder, man lebt ganz ähnlich wie die eigenen Eltern, deren Stil schließlich vertraut ist und sich bewährt hat. Oder man entscheidet sich bewusst für das genaue Gegenteil. Besonders sparsame Eltern haben sparsame Kinder oder welche, die das Geld nur so hinauswerfen. Natürlich gibt es auch Fälle, in denen Kinder ihre Eltern nur teilweise nachahmen, aber diese Extreme sind ziemlich häufig zu beobachten.

Die Erfahrungen, das Erlebte und Beobachtete, wirken dabei wesentlich prägender als das Besprochene und Gelesene:

▶ Sie können noch so oft sagen, dass Geld nicht das Wichtigste im Leben ist. Wenn sich Ihre Gedanken und Handlungen viel um Geld drehen, wird Ihr Kind lernen, dass es doch das Wichtigste ist, man das aber nicht zugeben darf.

▶ Sie können noch so oft sagen, man dürfe Menschen nicht nach ihrem finanziellen Status beurteilen. Wenn Sie den Nachbarn mit der Villa und dem SUV vor der Tür besonders freundlich grüßen und über den arbeitslosen Alkoholiker am anderen Ende der Straße die Nase rümpfen, wird Ihr Kind lernen, dass man reiche Menschen besser behandelt als arme.

▶ Sie können noch so oft sagen, dass man Geld mit Arbeit verdienen und es achtsam einteilen muss. Wenn Ihr Kind reichlich Taschengeld erhält, bei Bedarf einen Vorschuss und nach Lust und Laune zusätzlich etwas zugesteckt bekommt, wird es lernen, dass Geld einem wie im Schlaraffenland zufliegt, ohne dass man sich groß Gedanken darüber machen muss.

Bevor Sie sich also an die bewusste Erziehung Ihres Kindes zum Umgang mit Geld machen, sollten Sie sich Gedanken über Ihre eigene Einstellung machen:

▶ Was bedeutet Geld für Sie?

▶ Wie gehen Sie damit um?

▶ Wie gut oder schlecht kommen Sie mit Ihrem Geld aus?

▶ Ist das der Geldstil, den Sie an Ihre Kinder weitergeben möchten?

▶ Falls nicht: Was müssten Sie an Ihren eigenen Einstellungen und Ihrem Verhalten ändern?

Test: Wie ist Ihre Einstellung zu Geld?

Der folgende Test soll Ihnen dabei helfen, Ihre eigene Einstellung zum Thema Geld zu erkennen und Anstoß sein, diese zu hinterfragen. Kreuzen Sie die für Sie passenden Antworten an:

1. Welchen dieser Sprichwörter würden Sie am ehesten zustimmen?

Ⓓ Ein guter Hausvater muss drei Pfennige haben: einen Ehrenpfennig, Zehrpfennig und Notpfennig.

Ⓐ Geld verdirbt den Charakter.

Ⓐ Geld regiert die Welt.

Ⓒ Spare in der Zeit, dann hast du in der Not.

Ⓑ Bargeld lacht.

Ⓒ Geld hat man vom Behalten, nicht vom Ausgeben.

Ⓑ Redet Geld, so schweigt die Welt.

Ⓓ Wo Geld ist, da ist der Teufel, und wo keines ist, da ist er zweimal.

Ⓑ Geld im Säckel duzt den Wirt.

Ⓑ Was soll Geld, das nicht wandert durch die Welt?

Ⓒ Das Geld ist, wo man's in Ehren hält.

Ⓐ Für Geld ruht die Wahrheit.

Ⓒ Geld kommt mit Schritten und geht mit Sprüngen.

Ⓐ Geld allein macht nicht glücklich.

Ⓓ Man muss dem Geld gebieten, nicht gehorchen.

Ⓒ Über Geld spricht man nicht. Man hat es.

Ⓓ Man findet eher einen, der Geld tadelt, als einen, der es verschmäht.

Ⓑ Für Geld und gute Worte kann man alles haben.

Ⓓ Geld ist weder bös noch gut, es liegt an dem, der's brauchen tut.

Ⓐ Wo Geld ist, macht der Teufel noch einen Haufen drauf.

2. Welche dieser Aussagen könnte von Ihnen stammen?

Ⓐ Ich beschäftige mich nicht gerne mit Geldfragen, dafür ist mir meine Zeit zu schade.

Ⓓ Ich mache mir regelmäßig Gedanken über meine finanzielle Situation und meine Zukunftssicherung.

Ⓑ Ich müsste mir mehr Gedanken über Geld machen, aber eigentlich langweilt mich das.

Ⓒ Ich habe mein Geld immer genau im Blick und beschäftige mich sehr intensiv damit.

Ⓓ Eigentlich komme ich immer ganz gut mit meinem Geld aus.

Ⓑ Irgendwie ist nie genug Geld da, es rinnt einem geradezu durch die Finger.

Ⓐ Geld kommt und Geld geht, das regelt sich schon irgendwie.

Ⓒ Egal, wie hoch unser Haushaltseinkommen gerade ist, ich lege immer einen Spargroschen zur Seite.

3. Wie würden Sie diese Aussagen ergänzen?

Geld ist für mich …

Ⓒ Sicherheit.

Ⓐ eine Belastung.

Ⓓ ein Mittel zum Zweck.

Ⓐ ein notwendiges Übel.

Ⓓ Unabhängigkeit.

Ⓑ Freiheit.

Ⓒ ein Schutz gegen die Widrigkeiten des Lebens.

Ⓑ Lebensqualität.

Wenn ich reich wäre, würde ich …

Ⓓ im Grunde nicht viel anders leben als jetzt.

Ⓑ mir endlich alles leisten können, was ich mir wünsche.

Ⓐ mich endlich um das kümmern, was mir wirklich wichtig ist im Leben.

Ⓒ mir weniger Sorgen um meine Zukunft machen.

Welchen Buchstaben haben Sie am häufigsten angekreuzt? Jeder Buchstabe steht für eine andere Einstellung:

Ⓐ **Der Idealist:** Sie sind ein Mensch, der ideelle Werte hoch schätzt, und findet, dass Geld in unserer Gesellschaft einen zu hohen Stellenwert einnimmt. Sie wollen Ihr Leben nicht dem Geld unterordnen und misstrauen Menschen, die das Ihrer Meinung nach tun. Das macht Sie einerseits sehr sympathisch. Andererseits macht es Sie aber auch anfällig für finanzielle Probleme. Geld sollte zweifellos nicht zum Lebensinhalt werden – aber ohne Geld lässt es sich in keinem Land der Welt auskömmlich leben. Und Ideale zu verwirklichen kostet zusätzlich Geld.

  Anregung: Betrachten Sie den Umgang mit Geld als Kulturtechnik wie Lesen und Schreiben: Man muss einfach gewisse Mindestkenntnisse darin haben, um selbstbestimmt leben zu können. Diese Kenntnisse sollten Sie sich selbst aneignen und Ihrem Kind weitergeben.

Ⓑ **Der Konsumfan:** Geld als solches bedeutet Ihnen nicht viel, wohl aber all das, was Sie damit machen können: schöne Dinge kaufen, ausgehen, Veranstaltungen besuchen, also einen angenehmen Lebensstil pflegen und in Sachen Konsum mithalten können. Einerseits haben Sie damit völlig Recht, denn Geld ist ja ein Tauschmittel, und volkswirtschaftlich betrachtet ist es von Vorteil, wenn viel konsumiert wird. Andererseits ist es riskant, alles auszugeben oder sich sogar für den Konsum zu verschulden, denn das ist oft der erste Weg in die Überschuldung. Und mehr Konsum macht auf Dauer tatsächlich nicht glücklicher.

  Anregung: Überlegen Sie, ob das, was Sie für Geld kaufen können, nicht einen zu hohen Stellenwert in Ihrem Leben hat. Machen Sie gezielt – auch mit Ihren Kindern – Dinge, die kein oder wenig Geld kosten und viel Freude machen: einen Spaziergang im Wald, ein Picknick mit Freunden, einen Spielenachmittag daheim. Verzichten Sie bewusst auf Frust- und Spontankäufe, und gewöhnen Sie sich an, jeden Monat eine feste Summe zu sparen.

Ⓒ **Der Geldhorter:** Ob Geld glücklich macht oder nicht, ist keine Frage, die Sie wirklich beschäftigt. Für Sie bedeutet Geld vor allem Sicherheit. Ohne ein Polster auf der Seite können Sie nicht ruhig schlafen, denn wer weiß, was noch alles kommt? Deswegen sparen Sie eisern, verzichten auf Luxus und versuchen, Ihr Geld sicher und dennoch möglichst rentabel anzulegen. Das ist einerseits gut, denn weniger Geld auszugeben als man einnimmt, ist immer noch der beste Weg, mit Geld umzugehen. Das kann Ihr Kind gut von Ihnen lernen. Andererseits besteht die Gefahr, dass das Sparen und Anlegen zum Selbstzweck wird und Sie Ihr Leben nach Ihrem Geld ausrichten, statt das Geld für Ihr Leben zu verwenden.

Anregung: Sparen Sie weiterhin, aber sehen Sie ein monatliches Budget für »sinnlosen Genuss« vor und üben Sie – gemeinsam mit Ihrem Kind – , großzügig mit sich selbst zu sein. Achten Sie beim Einkaufen nicht nur auf den Preis, sondern auch auf »weiche« Kriterien wie Design oder Bioqualität. Spenden Sie regelmäßig bewusst etwas für Menschen, denen es schlechter geht als Ihnen. Sie werden sehen: Es kann auch gut tun, Geld aus- und abzugeben.

Ⓓ **Der Pragmatiker:** Sie haben eine nüchterne Beziehung zu Geld. Weder vergöttern Sie das Geld, noch verachten Sie es, sondern Sie sehen es schlicht als notwendige Bedingung für ein selbstbestimmtes Leben nach Ihrem Geschmack. Sie akzeptieren, dass Sie deswegen ein gewisses Maß an Interesse und Mühe für Geldfragen aufwenden müssen und haushalten sorgfältig.

Anregung: Reden Sie mit Ihrem Kind über Nutzen und Grenzen des Geldes. Sie sind ein gutes Vorbild für den souveränen Umgang damit.

Die acht Geldtypen nach Brent Kessel

Der US-amerikanische Finanzberater und Yoga-Fan Brent Kessel differenziert noch feiner als mein Test und unterscheidet acht verschiedene Geldtypen, die jeder für sich extrem sind und zu Ungleichgewichten führen, die aber zum glücklichen und souveränen Umgang mit Geld führen, wenn sie ausbalanciert werden.[5]

Ich finde das Konzept dieser »Geld-Archetypen« sehr einleuchtend und möchte es Ihnen hier kurz vorstellen. Bestimmt geht es Ihnen beim Lesen auch so, dass Sie für jeden Archetyp in Ihrem Bekanntenkreis ein Beispiel finden – und sich selbst in einem oder mehreren wiedererkennen.

---

5) Brent Kessel: It's not about the money. Unlock Your Money Type to Achieve Spiritual and Financial Abundance

1. Der Wächter

Ein extremer Wächter macht sich immerzu Sorgen um sein Geld und hat ständig den Ruin vor Augen, selbst wenn es ihm objektiv betrachtet finanziell gut geht. Er trifft Anlage- und Ausgabeentscheidungen nur nach ausuferndem Informationsverhalten, stundenlangen Beratungen und Überlegungen – wenn er sie nicht ganz vermeidet, aus lauter Angst, er könnte eine Fehlentscheidung treffen. Geld ist für ihn vor allem ein angstbesetztes Thema.

Sein Motto: *»Ich muss wachsam sein, sonst gibt es eine Katastrophe.«*

2. Der Vergnügungssüchtige

Er lebt ganz im Hier und Jetzt – und das bitte möglichst gut. Er schätzt die schönen Dinge des Lebens, tröstet sich über negative Gefühle mit einem ausgiebigen Shopping-Trip hinweg, spart wenig bis gar nicht und kauft lieber auf Kredit als nicht. Konsum bedeutet für ihn Genuss, Befriedigung und Bestätigung.

Sein Motto: *»Ich will mein Leben jetzt genießen, nicht später.«*

3. Der Idealist

Er interessiert sich kaum für Geld und Konsum, sondern begeistert sich für immaterielle Werte wie Kreativität, Nächstenliebe, soziale Gerechtigkeit oder Spiritualität. Dabei misstraut er dem Staat und Institutionen wie Banken oder großen Unternehmen. Oft verdient er wenig oder nichts und ist auf finanzielle Unterstützung durch den Staat oder Familienmitglieder angewiesen. Geld ist für ihn ein Hassthema, weil der Mangel daran ihn einengt und ihn hindert, seiner wahren Berufung nachzugehen.

Sein Motto: *»Wahre Künstler/Vorkämpfer/Gläubige haben es eben schwer im Leben und müssen viele Opfer bringen.«*

4. Der Sparer

Er würde am liebsten gar nichts ausgeben. Seine Leidenschaft gilt dem Sparen und Horten, dem Anlegen und Mehren. Für Genuss- oder Luxuskonsum hat er nur Unverständnis oder Verachtung übrig. Geld bedeutet für ihn Sicherheit.

Sein Motto: *»Wenn ich genug Geld auf der Seite habe, werde ich mich endlich sicher und zufrieden fühlen.«*

5. Der Star

Er gibt das Geld mit vollen Händen aus – aber nur da, wo andere es sehen und ihn dafür bewundern können: Für Kleidung, Schmuck, Kosmetik, Friseur, ein schickes Auto und Auftritte auf rauschenden Festen. Er spendet auch gerne, solange es ein schönes Foto von ihm bei der Scheckübereichung in der Zeitung gibt. Geld bedeutet für ihn vor allem Anerkennung und Bestätigung.

Sein Motto: *»Es macht mich glücklich, wenn die anderen sehen, wie cool, elegant, großzügig und beneidenswert ich bin.«*

6. Der Unschuldige

Er interessiert sich nicht für Geld, gibt es sorglos aus, wenn er welches hat, und hofft, dass es schon irgendwie gutgehen werde, wenn er keines hat (was wegen seines unbekümmerten Umgangs damit früher oder später der Fall ist). Schon das Abheften seiner Überweisungen ist für ihn ein Gräuel, von Spar- und Anlageentscheidungen ganz abgesehen. Geld ist für ihn ein Nichtthema.

Sein Motto: *»Das mit dem Geld ist alles so schwierig, es reicht sowieso nie. Am besten, man denkt nicht zu viel darüber nach.«*

7. Der Kümmerer

Für ihn ist Geld ein Mittel, um Liebe und Fürsorge auszudrücken. Er unterstützt notleidende Familienangehörige finanziell, leiht Freunden bereitwillig Geld, macht großzügige Geschenke und spendet oft und viel. Dafür nimmt er sogar in Kauf, bei den eigenen Ausgaben knappsen zu müssen.

Sein Motto: *»Die anderen brauchen mich. Meine eigenen Bedürfnisse sind da nicht so wichtig.«*

8. Der »Reichsgründer«

Er hat einen Traum: Er will etwas schaffen, das ihn überdauert, etwas von bleibendem Wert. Vielleicht gründet er ein Unternehmen und macht es mit harter Arbeit groß, vielleicht setzt er sich aber auch unermüdlich für ein Hilfswerk oder ein künstlerisches Projekt ein. Diesem Ziel ordnet er alles andere unter. Geld ist für ihn Mittel zum Zweck.

Sein Motto: *»Wenn ich mein Ziel erreicht und etwas Überdauerndes geschaffen habe, werde ich glücklich sein.«*

Alle acht Typen sind Extreme. Keiner von ihnen ist glücklich. Der Wächter hat dauernd Angst, der Vergnügungssüchtige braucht immer mehr von der Droge Konsum, der Sparer hat nie genug, der Star muss ständig fürchten, von den anderen abgelehnt oder verachtet zu werden, wenn er nicht mehr mithalten kann, der Kümmerer hat nie genügend, um mal etwas für sich zu tun ... So wollen wir selbst nicht sein. So sollen unsere Kinder nicht werden.

Wie so oft im Leben liegt das Glück nicht im Extrem, sondern im gesunden Maß: Der ideale Geldstil ist der, bei dem man wachsam ist, aber nicht überängstlich, sparsam, aber nicht geizig, bei dem man sich etwas gönnt und genießt, aber nicht sinnlos verschwendet, bei dem man immateriellen Werten Priorität einräumt, aber finanziell unabhängig bleibt, sich um andere kümmert, dafür aber seine eigene finanzielle Basis nicht ruiniert.

Ausgewogen ist unser Geldstil dann, wenn wir etwas von jedem dieser Archetypen in uns tragen, ohne dass einer von ihnen die anderen zu sehr dominiert. Das ist oft nicht einfach, haben doch auch wir vieles in unserer Kindheit von unseren Eltern übernommen und verinnerlicht.

Aber ein mögliches Ungleichgewicht wahrzunehmen, zu erkennen, dass es uns belastet und dass wir daran arbeiten sollten, ist bereits der erste Schritt zu einer Verhaltensänderung, die uns und unseren Kindern guttut. Was Sie erkannt haben, können Sie mit Ihrem Kind auch besprechen. Sie können gemeinsam üben, Ihr Geldverhalten zu ändern.

Die Grenzen der Gelderziehung

Ja, wenn Sie Ihre Einstellungen und Verhaltensweisen erkannt haben, können Sie sie ändern. Aber Sie können sie nicht in jede beliebige Richtung total umkrempeln, sondern nur allmählich, in vielen kleinen Schritten, abmildern oder ausgleichen.

Wenn bei der Gelderziehung schon etwas schiefgelaufen ist, ist es schwer, das rückgängig zu machen. Insbesondere die Verwöhnung richtet hier schweren Schaden an: Wer von früh an jeden Wunsch sofort erfüllt bekommen hat, hat nie gelernt, Bedürfnisse aufzuschieben, Rücksicht zu nehmen, sich anzustrengen. Für was denn auch? Trotzdem sollten Sie versuchen, gegenzusteuern, wenn Sie erkennen, dass Ihr Kind Züge von Verwöhnung zeigt.

Eine weitere Gefahr liegt in der Konfrontation mit völlig entgegengesetzten Lebens- und Konsumwelten. Sie als Eltern erziehen Ihr Kind ja nicht alleine auf einer Insel. Um Sie herum gibt es viele Miterzieher, Großeltern, andere Verwandte, Nachbarn, Freunde, Klassenkameraden und nicht zuletzt die Medien.

Sie sollten nach Möglichkeit darauf achten, dass im direkten Umgang keine zu großen Brüche auftreten. Wenn Sie finanziell sehr bescheiden leben müssen, könnte es für Ihr Kind schwierig sein, Freunde aus sehr wohlhabenden Kreisen zu haben. Es besteht die Gefahr, dass

▶ es sich zurückgesetzt fühlt oder Ihren normalen Lebensstil als Mangel erlebt,

▶ es unangemessene Ansprüche entwickelt

▶ und alles daransetzt, sich Geld für einen ähnlichen wie den bewunderten Lebensstil zu beschaffen – möglicherweise sogar auf kriminellem Weg.

Auch das andere Extrem, die Begegnung mit nackter Armut, Hunger und Not, etwa bei einem Urlaub in einem Entwicklungsland, kann auf Kinder verstörend wirken. Bei Jugendlichen kann sie allerdings auch ganz heilsam sein und die eigenen Ansprüche wieder ein wenig zurechtrücken.

Versuchen Sie also, extreme Erfahrungen in Sachen Geld zu vermeiden bzw. in Grenzen zu halten. Ermöglichen Sie Ihrem Kind aber im üblichen Rahmen Erfahrungen außerhalb Ihrer Familie und sprechen Sie darüber. Es wird immer Menschen geben, die mehr Geld haben und sich mehr leisten können als Sie, und welche, die weniger haben und sich mehr einschränken müssen.

Das ist schön für die einen und schade für die anderen. Für Sie und Ihr Kind ist es eigentlich ohne Bedeutung. Ihr Kind soll lernen, sein eigenes Einkommen zu erwirtschaften und damit auszukommen, wie hoch oder niedrig es im Einzelnen auch sein mag.

Die vier Bausteine der bewussten Gelderziehung

Mit Geld richtig umzugehen ist eine Fertigkeit, die jedes Kind erst erwerben muss. Sie erinnern sich: Ein Kind lernt über tun, beobachten und hören bzw. lesen. Entsprechend sollten Sie ihm eigene Erfahrungen mit Geld ermöglichen, es an Ihren Erfahrungen und Ihrem Umgang mit Geld teilhaben lassen und ihm das erforderliche Faktenwissen zugänglich machen.

Gelderziehung besteht also aus vier Bausteinen, die in den nächsten Kapiteln ausführlicher betrachtet werden:

Baustein 1: Taschengeld bekommen und damit auskommen lernen

Mit Geld umgehen lernt Ihr Kind am besten, indem es mit Geld umgeht. Deshalb sollte es regelmäßig kleinere Geldbeträge bekommen, über die es völlig frei verfügen und mit denen es seine eigenen Erfahrungen machen kann: Ausgeben, Einteilen, Sparen ... sind Übungssache.

Baustein 2: Fallstricke und Tücken der Konsumwelt erkennen und damit umgehen können

Kinder und Jugendliche sind heute eine begehrte und intensiv umworbene Zielgruppe. Die Werbung gaukelt vor, das Glück liege im Konsum, die Gleichaltrigen geben mit ihren Besitztümern an, und auch Sie selbst kaufen nicht immer ökologisch und pädagogisch korrekt ein. Kinder müssen lernen, sich in der Angebotsvielfalt zurechtzufinden, innere Werte von äußerem Besitz zu unterscheiden, Geld und Liebe nicht miteinander zu verwechseln und einen angemessenen Konsumstil zu entwickeln.

Baustein 3: Den Zusammenhang zwischen Geld und Leistung verstehen und erfahren

Geld fällt einem nicht einfach zu. Es muss verdient, erworben, eingetauscht werden. Das können Sie mit jüngeren Kindern spielerisch im eigenen Haushalt üben. Ab 13 Jahren kann Ihr Kind sich einen Nebenjob außerhalb der Familie suchen, der ihm neben Geld auch Selbstachtung und Stolz einbringt.

Baustein 4: Faktenwissen über Geld und Finanzprodukte erwerben

Teenager können und sollen abstraktere Informationen zum Thema Geld verstehen: Was der Lebensunterhalt einer Familie kostet, welche Vor- und Nachteile ein Ratenkauf hat, was eigentlich Zins ist und welche finanziellen Folgen er hat, warum es sich lohnt, frühzeitig mit dem Sparen zu beginnen und welche Anlagemöglichkeiten dazu zur Verfügung stehen. Informierte Teeanger werden später mündige Verbraucher, die ihr Geld im Griff haben.

3

Die Taschengeldfrage(n)
und mögliche Antworten darauf

Taschengeld für Kinder ist eine relativ junge Erfindung. Noch für die Generation unserer Eltern war es alles andere als selbstverständlich, regelmäßig Geld zum »einfach so Ausgeben« zu bekommen. Meine Mutter beispielsweise bekam nie Taschengeld, sondern hatte erstmals eigenes Geld, als sie im Alter von 15 Jahren eine Lehre begann. Mein Vater erinnert sich immerhin daran, als Gymnasiast Anfang der 50er-Jahre 5 Pfennige pro Woche erhalten zu haben. Das entsprach dem Gegenwert von einer Kugel Eis im Regensburg der Nachkriegszeit.

Für Kinder, die in den 70er- und 80er-Jahren aufwuchsen, war Taschengeld schon üblich, jedenfalls in den Städten. Und es war eine prägende Erfahrung. Die meisten der heutigen Eltern, die ich befragt habe, erinnern sich noch genau, ab wann sie Taschengeld bekamen, wie viel es war und was sie damit kauften. Selbst die Preise der damals begehrten Güter sind uns noch heute geläufig. Ist das nicht auch ein Indiz für die nachhaltige pädagogische Wirkung des Taschengeldes?

Ich bekam beispielsweise ab der zweiten Klasse 50 Pfennige in der Woche. Damit konnte ich einen wahren Großeinkauf starten: Für fünf Pfennige das Stück gab es diese Kirsch-Lollis mit dem grünen Stil, für zehn Pfennige eine Schleckmuschel, die man über zwei oder drei Tage verteilt lutschen konnte (sonst hätte man sich ohnehin den Unterkiefer ausgerenkt). Wassereis – das in den langen schmalen Tüten, am besten mit Cola-Geschmack – kostete ebenfalls ein Zehnerl, und wenn man sich einen richtigen Luxus gönnen wollte, dann ein Dolomiti für 50 Pfennige. Ja, auch wenn wir das heute bei unseren Kindern gar nicht gerne sehen: Taschengeld war zumindest im Grundschulalter schon immer vor allem Süßigkeitengeld.

Später kauften wir neben dem Süßkram auch Micky-Maus- und Yps-Hefte, die mit den sagenhaften Gimmicks. Erst als Teenager verzichteten wir freiwillig auf Süßigkeiten, um uns Schallplatten zu kaufen und ins Kino gehen zu können. 20 Mark im Monat reichten für eine Single-Schallplatte, einen Kinobesuch und ein oder zwei Colas beim »Ausgehen«. So völlig anders ist das heute gar nicht, auch wenn es keine Schallplatten mehr gibt, sondern CDs bzw. Downloads gekauft werden.

Müssen Sie Ihrem Kind überhaupt Taschengeld zahlen?

Rein rechtlich betrachtet sind Sie dazu verpflichtet, den Lebensunterhalt für Ihr Kind zu bestreiten. Sie müssen dafür sorgen, dass es ausreichend ernährt, bekleidet und mit allem Lebensnotwendigen versorgt wird. Dieser Pflicht genügen Sie aber mit Naturalleistungen. Kein Gesetz und kein Richterspruch zwingt Sie dazu, Ihrem Kind zusätzlich oder ersatzweise Bargeld zur Verfügung zu stellen. Auch wenn Ihr Kind es vielleicht nicht gerne hören wird: Nein, es gibt keinen Rechtsanspruch auf Taschengeld, Sie müssen keineswegs welches zahlen.

Aus pädagogischer Sicht sieht die Sache allerdings anders aus. Sie erinnern sich: Kinder lernen durch beobachten, hören und tun. Am nachhaltigsten ist dabei die Beobachtung und ganz besonders das Tun.

Geld kann man aufheben oder ausgeben, es an einem festen Ort aufbewahren oder es verlieren, es in Spaß oder Genuss umwandeln oder einfach so verprassen (und sich anschließend darüber ärgern), viele kleinere Dinge dafür kaufen oder es einteilen und für eine größere Anschaffung ansparen. Wie unangenehm es ist, wenn das Geld weg ist und noch viele lange Tage verstreichen müssen, bis der nächste Monatserste kommt. Wie schön es ist, wenn man nach einer langen Sparphase endlich die Summe für die Reitstunden oder das Computerspiel beisammen hat. All diese Erfahrungen kann Ihr Kind nur dann mit seinem Geld machen, wenn es welches hat.

Dazu kommt: Wir alle wünschen uns, dass unsere Erziehungsbemühungen selbstbewusste und selbstverantwortliche junge Menschen hervorbringen.

Aber wie soll ein Kind sich seines Wertes bewusst sein und selbstverantwortlich handeln lernen, wenn es Sie für jeden noch so kleinen Wunsch um Geld bitten muss? Selbst wenn Sie ihm jedes Mal Geld geben, wenn es fragt: Dadurch nehmen Sie ihm die Möglichkeit, eigene Entscheidungen zu treffen. Letztlich entscheiden Sie, ob Ihr Kind sich Haarspangen kaufen kann, eine Packung Kaugummi oder ein Comic, ob es mit Freunden ins Eiscafé oder ins Freibad gehen kann. Das macht Ihr Kind unselbstständig.

Schlimmer noch: Es wird sich irgendwann gegängelt und gedemütigt fühlen. Vielleicht fragt es lieber gar nicht mehr und verzichtet lieber auf Vergnügungen mit Freunden, als sich mit 12 oder 14 Jahren schämen zu müssen, dass Sie es »wie ein Baby« behandeln und ihm keinen selbstständigen Umgang mit Geld zutrauen. Die allermeisten seiner Freunde bekommen Taschengeld. Wer keines bekommt, fühlt sich schnell als Außenseiter.

Deshalb meine ich: Ja, Sie müssen spätestens ab dem Grundschulalter tatsächlich Taschengeld zahlen. Jedenfalls wenn Sie wollen, dass Ihr Kind lernt, vernünftig mit Geld umzugehen.

Ab wann sollte Ihr Kind Taschengeld bekommen?

Schon Dreijährige interessieren sich für Geld, weil sie sehen, dass Mama und Papa damit hantieren und es gegen andere Dinge eintauschen. Im Kinder-Kaufladen spielen sie Einkaufserlebnisse mit Begeisterung nach und freuen sich über eine geschenkte oder gefundene echte Münze.

Eine echte Wertvorstellung verbinden Kindergartenkinder mit Geld aber noch nicht. Für die meisten Drei- oder Vierjährigen macht es keinen Unterschied, ob die Plastikrüben im Spiel-Kaufladen einen oder hundert Euro kosten. So wie sie sich über ein von der Mama geschenktes Fünferle genauso freuen wie über ein Zehnerle, über einen Euro oder über ein Zwei-Euro-Stück. Sie beurteilen den Wert des Geldes allenfalls nach Größe und Gewicht und bevorzugen das hübsch glänzende Münzgeld gegenüber den langweiligen Scheinen. Stabiles Spielgeld und eine Kasse mit vielen Knöpfen und Schubladen, in die sie es einsortieren können, machen ihnen in diesem Alter mindestens genauso viel Freude wie echtes Geld. Wahrscheinlich sogar mehr.

Überhaupt hat der Umgang mit Geld für kleinere Kinder spielerischen Charakter. Und wie das so ist beim Spielen: Man lernt ganz nebenbei, dass es an der Supermarktkasse für ein Fünf-Cent-Stück tatsächlich einen Lutscher gibt oder dass Mama viele kleine Münzen herausbekommt, wenn sie etwas mit einem großen Schein bezahlt. Dass aus einer geschenkten Münze hier und einer gefundenen Münze da in der Spardose viele Münzen werden. Dass viele kleine Münzen einen Haufen von beträchtlichem Gewicht ergeben. Und dass man etwas geschenkt bekommt, wenn man einmal im Jahr die Spardose zur Bank bringt. Das ist schon ganz schön viel gelernt für ein kleines Kind.

In meinem Bekanntenkreis haben manche Kinder schon mit vier oder fünf Jahren Taschengeld bekommen. Meistens, weil es größere Geschwister gab, die bereits Taschengeld bekamen und die Eltern fanden, es sei irgendwie ungerecht, wenn das jüngere Kind nichts bekäme. Das führte aber zu manch schwieriger Situation.

Etwa als die Fünfjährige untröstlich weinte, weil der Opa ihre vielen kleinen Münzen in ein einziges Euro-Stück umgetauscht hatte. Nur noch eine einzige popelige Münze statt ihres unermesslichen Schatzes an Zwei- und Fünf-Cent-Münzen! Das fand sie zum Heulen. Ein Vierjähriger protestierte lautstark an der Supermarktkasse, weil er einen Pack Kaugummi für 50 Cent mit einem 50-Cent-Stück bezahlte und deswegen kein Wechselgeld bekam. Er wollte unbedingt etwas herausbekommen und ließ sich weder mit guten Worten noch mit einem Luftballon beruhigen, als ihm die Kassiererin keine Münze zurückgab.

Solche Vorkommnisse sind meiner Meinung nach ein Zeichen dafür, dass ein Kind noch nicht genügend Abstraktionsvermögen hat, um mit Geld wirklich etwas anzufangen. Kleinere Kinder dürfen natürlich Geld besitzen und damit umgehen, etwa Wechselgeldmünzen sammeln oder mal Geld für ein Eis von der Oma bekommen und selbst über die Theke beim Bäcker reichen. Aber ein echtes, regelmäßiges Taschengeld zur freien Verfügung halte ich frühestens im Vorschulalter für sinnvoll.

Beispiel
Meine Kinder haben jeweils an ihrem sechsten Geburtstag ihr erstes Taschengeld bekommen. Das war bei meiner ältesten Tochter ganz einfach, weil sie ohnehin die erste in der Familie war, die welches bekam. Ihre jüngeren Geschwister warteten dann ungeduldig und voller Vorfreude auf den großen Tag. Für sie war klar:»Kleine Kinder kriegen kein Taschengeld. Mit sechs bin ich schon groß, komme bald in die Schule und bekomme endlich auch Taschengeld.« Entsprechend stolz legten sie ihre ersten Taschengeldmünzen zu den kleinen, von der Oma geschenkten Cent-Stücken in den Geldbeutel.

Wie Sie das Taschengeld am besten auszahlen

Ob Sie Taschengeld für Ihr Kind mit fünf oder sechs Jahren einführen, werden Sie nach dem Reifegrad des Kindes entscheiden. Auf jeden Fall aber sollten Sie das Taschengeld zunächst wöchentlich auszahlen. Eine Woche ist für ein Kind im Vor- und Grundschulalter ein einigermaßen überschaubarer Zeitraum, der aber noch als recht lang empfunden wird. Bekommt Ihr Kind das Taschengeld am Montag, kann es gut sein, dass es am Dienstag bereits ausgegeben wird. Dann heißt es eben »noch sechsmal schlafen, bis es wieder Taschengeld gibt«.

Ein Monat ist für ein Kind in diesem Alter ein beinahe unvorstellbar langer Zeitraum. Über so viele Tage hinweg kann es unmöglich planen, einteilen und warten. Mit einer monatlichen Auszahlung wäre Ihr Kind daher zunächst überfordert.

Das ändert sich zum Ende der Grundschulzeit. Mit zehn oder elf Jahren dürften die meisten Kinder so viel Zeitgefühl und Zahlenverständnis haben, dass sie mit einer monatlichen Auszahlung zurechtkommen. Dann haben sie Freude daran, zu Monatsanfang eine größere Summe zu erhalten und diese nach Gutdünken einteilen zu können. Erst recht freuen sie sich, wenn vom letzten Mal noch ein Sümmchen übrig ist und sie mit einem entsprechend größeren Betrag in den neuen Monat starten.

Sollte Ihr Kind noch nicht so weit sein, warten Sie eben noch ein Jahr. Oder Sie probieren es einfach aus. Wenn Sie merken, dass Ihr Kind zunächst mit der monatlichen Auszahlung überfordert ist und den Überblick verliert, können Sie für eine Übergangsphase auf eine zweiwöchentliche Auszahlung umstellen.

Die ersten Jahre gibt es das Taschengeld natürlich in bar. Und zwar am besten an einem festen Tag und in einer bestimmten Art und Weise. Ich lege meinen Kindern immer sonntagabends die Münzen auf den Esstisch, damit sie sie montags beim Frühstück gleich vorfinden. Ich kenne eine Familie, in der das Taschengeld mittwochs nach dem Abendessen ausgezahlt wird, eine andere, in der die Kinder es freitags dem Schreibtisch vorfinden, wenn sie aus der Schule kommen.

Wochentag, Uhrzeit und Auszahlungsort spielen letztlich keine Rolle. Wichtig ist, dass Sie das Geld regelmäßig und verlässlich auszahlen, und zwar ganz von selbst, ohne dass Ihr Kind Sie extra darum bitten muss. Auch ohne dass Sie spitze Bemerkungen machen (»verdient hast du es ja nicht!«). Wenn

Sie Taschengeld zahlen, muss klar sein: Dieses Geld steht Ihrem Kind zu, es hat einen Anspruch darauf und kann sicher darauf zählen. Wie soll es schließlich das Planen und Einteilen lernen, wenn es nicht zu festen Zeiten mit einem festen Betrag rechnen kann?

Mit der Umstellung auf eine monatliche Auszahlung ist übrigens ein guter Zeitpunkt gekommen, um ein Girokonto für Ihr Kind zu eröffnen. Dann richten Sie einen Dauerauftrag für das Taschengeld ein und brauchen sich zukünftig über die termingerechte Auszahlung keine Gedanken mehr zu machen.

Dabei gehen Sie kein Risiko ein: Girokonten für Kinder gibt es nur auf Guthabenbasis. Das heißt: Ihr Kind kann zwar (wenn Sie dazu mit Ihrer Unterschrift Ihr Einverständnis erklärt haben) mit seiner eigenen Kontokarte Geld abheben, auch welches einzahlen und die Kontoauszüge holen, aber es kann nicht mehr Geld abheben, als auf dem Konto an Bestand ist und sich daher bei der Bank nicht verschulden. Es lernt den Umgang mit dem Konto, der Karte und den Auszügen und damit weitere wesentliche Bausteine des Umgangs mit Geld also in einem geschützten Rahmen.

Soll und darf das Taschengeld an eine Verpflichtung geknüpft werden?

Im richtigen Wirtschaftsleben gibt es Geld nur gegen Leistung. Das muss Ihr Kind natürlich lernen. Wie Sie diesen Lernprozess unterstützen, lesen Sie in Kapitel 5.

Taschengeld ist eine Ausnahme. Es ist kein verdientes, sondern geschenktes Geld, auch wenn Sie mit dem Geschenk einen bestimmten erzieherischen Zweck verfolgen. Sie können es als »Übungsmaterial« betrachten, das Ihrem Kind eigene Erfahrungen und Lernerlebnisse ermöglicht, bei denen es vorrangig um das Ausgeben und Einteilen geht. Wie bereits erwähnt, muss das Taschengeld eine verlässliche Größe sein, um diesen Zweck erfüllen zu können. Sie sollten es daher nicht an bestimmte Leistungen wie gute Noten in der Schule oder Mithilfe im Haushalt knüpfen.

Ein gewisses Maß an Mithilfe im Haushalt ist meiner Meinung nach für jedes gesunde Kind selbstverständlich, dafür gibt es sowieso kein Geld. Die Übernahme größerer Extraaufgaben im Haushalt können Sie dagegen durchaus mit Geld belohnen. Das ist im Sinne einer gelungenen Gelderziehung sogar ausgesprochen sinnvoll (mehr dazu lesen Sie in Kapitel 5).

Aber das Taschengeld hat damit nichts zu tun. Selbst das faulste Kind sollte Taschengeld und die damit verbundenen Lernmöglichkeiten ohne Auflagen bekommen. Wenn Sie etwas verrechnen wollen, dann lieber Hilfsdienste mit Hilfsdiensten: »Wenn du nicht den Tisch deckst und abräumst, muss ich das machen. Und dann habe ich nachher keine Zeit und schon gar keine Lust, dich zu deinem Freund Lukas zu fahren ...«

Bei größeren Kindern können Sie einen gewissen Umfang an Extraarbeiten allerdings einkalkulieren und ein entsprechend höheres Taschengeld zahlen:

Beispiel

Gabi R.: Meine Tochter ist gerade 15 Jahre alt geworden, mein Sohn ist 6. Bisher hat meine Tochter als Taschengeld 20 Euro monatlich auf ihr Girokonto bekommen. Seit ihrem 15. Geburtstag bekommt sie 35 Euro. Das ist viel für ihr Alter. Dafür habe ich mit ihr ausgehandelt, dass sie einmal wöchentlich abends auf ihren kleinen Bruder aufpasst. Das ist meistens freitags, wenn mein Mann und ich einen Tanzkurs besuchen oder ausgehen. Dann kann sie eben nicht ausgehen, bekommt aber dafür mehr Geld. Einen Babysitter müsste ich schließlich auch extra bezahlen.

Umgekehrt sollten Sie das Taschengeld nicht als Strafmaßnahme kürzen oder gar streichen. »Für die Sechs in Mathe bekommst du eine Woche lang kein Taschengeld« verbessert weder die Note, noch den Geldstil Ihres Kindes. Eine solche Strafe verfestigt höchstens den Eindruck Ihres Kindes, es sei Ihrer Willkür ausgeliefert und Geld sei ein Druckmittel. Wenn es ganz schlecht läuft, könnte Ihr Kind aus Wut über die aus seiner Sicht ungerechte Bestrafung auf die Idee kommen, sich Geld eben auf anderem Wege zu beschaffen ... das wollen Sie auch nicht!

Etwas anders ist die Sachlage, wenn Ihr Kind absichtlich oder durch einen extrem sorglosen Umgang etwas verloren, beschädigt oder gar zerstört hat, das jemand anderem gehört. Für den dadurch entstandenen Schaden sollte es eintreten: durch eine Entschuldigung und eine wenigstens teilweise finanzielle Wiedergutmachung aus eigener Tasche. Dafür kann Taschengeld verwendet werden. Bei zweistelligen Eurobeträgen sollten Sie das Geld allerdings vom

Sparkonto nehmen. Für eine einmalige Verfehlung sollte Ihr Kind nicht wochen- oder gar monatelang mit Taschengeldentzug büßen müssen. Das ist unverhältnismäßig und führt eher zu einem Gefühl ungerechter Behandlung als zum erwünschten Lerneffekt.

Wie hoch sollte das Taschengeld sein?

Statistisch verlässliches und bundesweit gültiges Zahlenmaterial gibt es dazu zwar nicht, aber immerhin Zahlen für Jugendliche zwischen 14 und 24 Jahren[6]: 87 Prozent der über 14-jährigen Schüler, die (noch) zuhause wohnen, bekommen regelmäßig Taschengeld, und sogar noch 36 Prozent der jungen Leute, die bereits eine Lehre oder Ausbildung begonnen haben. Vier Fünftel der 14- bis 17-Jährigen bekommen monatlich weniger als 50 Euro, vier Fünftel der 18- bis 24-Jährigen erhalten mehr als 50 Euro.

In den meisten Familien ist genügend Geld da, um den Kindern regelmäßig Taschengeld zu zahlen. Die Frage ist nur: Wie viel soll es sein? Das ist keine Frage, die Sie (nur) im Gespräch mit Ihrem Kind lösen können.

Es ist schon für uns Erwachsene nicht einfach, mit dem eigenen Geld auszukommen. Für Kinder ist es das noch viel weniger: Die Wünsche und Konsumverlockungen sind so riesig, dass jeder Taschengeldbetrag dagegen winzig ist. Den meisten Kindern geht es daher wie den meisten Eltern, als sie noch Kinder waren: Das Taschengeld ist immer zu wenig. Ach ja, und die anderen Kinder bekommen immer viel mehr.

Ihr Kind soll mit dem Taschengeld etwas anfangen können. Sonst kann es ja nichts daraus lernen. Trotzdem sollen die Bäume und Ansprüche natürlich nicht in den Himmel wachsen. Gut, wenn Sie einen Mittelweg finden, der beides ermöglicht, und dazu ein paar überzeugende Argumente für die Verhandlungen mit den Kids parat haben.

Die Taschengeldempfehlung der deutschen Jugendämter

Norma Melcher-Ledermann von der Fachstelle Elternbriefe und Elterninformation des Jugendamts München berichtet, dass häufig Anrufe wegen Fragen

---

6) Quelle: Jugendstudie 2009 des Bundesverbandes deutscher Banken, Seite 16

zum Taschengeld beim Jugendamt eingehen. Zum einen von Eltern, die verunsichert sind, weil ihre Kinder immer mehr Taschengeld fordern und behaupten »alle anderen bekommen mehr als ich«. Zum anderen von Großeltern, deren Enkelkinder gar kein Taschengeld bekommen und die Argumente suchen, mit denen sie die Eltern überzeugen können, den Kindern doch welches zu zahlen.

Deswegen hat das Jugendamt München eine eigene Broschüre zum Thema Taschengeld herausgegeben. Enthalten sind auch Orientierungswerte zur Höhe des Taschengeldes und der Häufigkeit seiner Auszahlung:

Tabelle: Taschengeldempfehlung des Jugendamts München – Orientierungswerte

Alter	Höhe des Taschengeldes
Kinder bis 9 Jahre – wöchentliche Auszahlung	
unter 6 Jahre	0,50 Euro
6–7 Jahre	1,50 Euro
8–9 Jahre	2,00–2,50 Euro
Kinder ab 10 Jahre – monatliche Auszahlung	
10 Jahre	13 Euro
11 Jahre	15 Euro
12 Jahre	18 Euro
13 Jahre	20 Euro
14 Jahre	23 Euro
15 Jahre	26 Euro
Jugendliche ab 16 Jahren ohne eigenes Einkommen (monatlich)	
16 Jahre	32 Euro
17 Jahre	42 Euro
18 Jahre	62 Euro

Zur Ermittlung dieser Werte haben sich die Jugendämter einiger deutschen Großstädte ausgetauscht und auch Familien befragt. Diese Taschengeldempfehlungen sind also im Prinzip deutschlandweit einheitlich, auch wenn es in einzelnen Veröffentlichungen bei den monatlichen Beträgen Abweichungen von 0,50 bis 2 Euro gibt.

Die Taschengeldempfehlungen der deutschen Jugendämter werden in der Presse und im Internet immer wieder mal genannt und sorgen mitunter für rege Diskussionen in den Familien.

> *Hi, ich bin 13 Jahre alt und bekomme 14 Euro. Eigentlich bin ich damit zufrieden, weil meine Eltern mir alles zum Anziehen kaufen, aber dann habe ich mal ein bisschen rumgeschaut und erfahren, dass ich für mein Alter schon ein bisschen zu wenig Taschengeld bekomme. Eigentlich müsste ich ja 20 Euro bekommen.*
> Felix, gepostet am 12. Januar 2009, 21:38 Uhr unter http://www.eltern.de/ schulkind/erziehung-und-entwicklung/taschengeld.html?cpage=4

Nein, müsste er nicht. Erstens gibt es ohnehin keinen Rechtsanspruch auf Taschengeld, wie Sie ja wissen, und zweitens handelt es sich bei den Taschengeldempfehlungen der deutschen Jugendämter keineswegs um verbindliche Vorgaben, an welche die Eltern sich halten »müssen«, sondern um Orientierungswerte. Selbstverständlich können Sie je nach Ihrer finanziellen Situation und gemäß Ihren persönlichen Überzeugungen entscheiden, wie viel Sie für angemessen halten.

Wie viel Taschengeld soll es nun in Ihrer Familie sein?

Die konkrete Höhe des Taschengeldes sollte meiner Meinung nach neben dem Alter des Kindes von drei weiteren Faktoren abhängen:
1. von der finanziellen Situation Ihrer Familie,
2. vom Preisniveau in Ihrer Region,
3. von den Taschengeldzahlungen in Ihrem Umfeld.

Wenn Sie finanziell sehr schlecht gestellt sind, werden Sie vielleicht nicht so viel zahlen können wie andere. Aber 50 Cent zu Beginn und später einen oder zwei Euro die Woche sollten Sie trotzdem als Taschengeld für Ihr Kind abzwacken können. Sprechen Sie mit Ihrem Kind offen über Ihre finanziellen Verhältnisse und erklären Sie, dass Sie keine 10 oder 20 Euro im Monat übrig haben, dass Sie ihm aber das geben, was Sie entbehren können. Ihr Kind wird stolz darauf sein, dass Sie ihm reinen Wein einschenken und mit seinem eigenen Geld sicher sehr verantwortungsvoll umgehen.

Das andere Extrem ist, wenn Sie das sind, was andere Leute als »reich« bezeichnen würden. Dann könnten Sie Ihrem Kind zwar problemlos das Fünf- oder Zehnfache der Taschengeldempfehlungen zahlen. Für zweckmäßig halte ich das aber nicht. Auch Sie wollen ja, dass Ihr Kind lernt, vernünftig mit Geld umzugehen. Wie soll es das, wenn es sieht »ich habe immer viel mehr und kann mir viel mehr leisten als alle anderen«? Außerdem besteht hier die Gefahr, dass andere Kinder neidisch werden und Ihr Kind ausgrenzen. Erklären Sie Ihrem Kind also ruhig, dass Sie zwar durchaus mehr Taschengeld zahlen könnten, es aber bewusst nicht tun, weil Sie glauben, dass mehr Geld es weder klüger noch glücklicher macht.

Über das Preisniveau in Ihrer Region haben Sie sich wahrscheinlich im Zusammenhang mit dem Taschengeld noch keine Gedanken gemacht. Wenn Sie in einer westdeutschen Großstadt leben, brauchen Sie das auch nicht zu tun, denn dann können Sie auf die Taschengeldempfehlungen der Jugendämter zurückgreifen; sie wurden schließlich in den Städten ermittelt. Wenn Sie in Ostdeutschland und/oder auf dem Land leben, werden Ihnen die offiziellen Empfehlungen dagegen möglicherweise ziemlich üppig vorkommen.

Beispiel

Ich lebe mit meiner Familie im ländlichen Allgäu. Meine Kinder haben ab ihrem 6. Geburtstag Taschengeld bekommen, für dessen Höhe ich eine simple Orientierungsgröße gewählt habe: Ich finde, ein Kind muss sich von seinem ersten Taschengeld mindestens eine Kugel Eis in der Woche leisten können. Ich gebe zu, dass das ein anfechtbarer Maßstab ist, aber meine Kinder lieben Eis und haben den Eispreis als Richtgröße sofort akzeptiert.

Als meine älteste Tochter 2004 sechs Jahre alt wurde, kostete eine Kugel Eis im örtlichen Café 60 Cent, also bekam sie 60 Cent Taschengeld wöchentlich. Inzwischen ist der Preis für Eis gestiegen, mein Jüngster bekommt also von Anfang an 70 Cent Taschengeld. Schon in Kempten, der nächstgrößeren Stadt, kostet ein Eis 90 Cent und bei unserem letzten Besuch in München waren die Kinder fassungslos, als sie sahen, dass dort in einem Café mit Straßenverkauf eine Kugel 1,20 Euro kostete. Ihnen leuchtete sofort ein, dass ihr Cousin aus München dementsprechend ein höheres Taschengeld bekommt und bekommen muss als sie.

Eis ist für Ihre Kinder vielleicht nicht das Maß aller Dinge. Natürlich können Sie dann auch einen anderen Tarifmaßstab vorgeben. Im Ergebnis sollte das Taschengeld jedenfalls hoch genug sein, dass Ihr Kind sich vor Ort etwas davon kaufen kann, was sein Herz begehrt, ohne so hoch zu sein, dass es sich alles Mögliche in Massen leisten kann.

Die dritte Einflussgröße, an der Sie die Höhe des Taschengeldes festmachen sollten, ist, wie viel andere Familien im Bekanntenkreis zahlen. Da fast alle Kinder sich im Freundeskreis umhören, was andere so bekommen, ersparen Sie sich viele Diskussionen, wenn Sie sich mit wenigstens ein paar Eltern abstimmen.

»Alle anderen bekommen mehr Taschengeld als ich«, können Sie als Argument leicht entkräften, wenn Sie darauf verweisen können, dass Meiers und Müllers genauso viel zahlen wie Sie und Schmidts sogar weniger. Außerdem gibt es für die Kinder weniger Anlass zum Angeben beziehungsweise zu Neid, wenn die meisten ungefähr gleich viel Geld zur Verfügung haben. Dann kommt es nämlich für das Renommee weniger darauf an, wie viel Geld sie haben als darauf, was sie damit machen.

Bis zu welchem Alter sollte Taschengeld gezahlt werden?

Aus den Empfehlungen der Jugendämter geht es bereits hervor: Taschengeld ist gedacht für Kinder und Jugendliche, die kein eigenes Einkommen haben und noch zuhause leben.

Ich bin immer wieder erstaunt, wenn ich im Bekanntenkreis sehe, dass 16-Jährige, die eine Ausbildung begonnen haben, von ihren Eltern weiterhin Taschengeld erhalten. Sicher sind viele Ausbildungsvergütungen gering, aber ein Jugendlicher, der noch daheim lebt, hat auch geringe Ausgaben. Mag sein, dass von den 650 Euro netto, die er nachhause bringt, 150 für die Busfahrkarte oder das Moped draufgehen und 150 Euro für das Handy. Dann bleibt aber immer noch ein schönes Sümmchen für Klamotten, Ausgehen und sogar Urlaub übrig. Da braucht er sicher keine weitere Finanzspritze von den Eltern.

Im Gegenteil: Für einen Jugendlichen mit eigenem Einkommen sollte es selbstverständlich sein, sich an der Finanzierung der Haushaltsausgaben zu beteiligen. Miete, Strom und Essen kosten Geld. Ein Jugendlicher sollte den erforderlichen Betrag realistisch einschätzen können; denn das bereitet ihn auf das Führen seines eigenen Hausstandes vor. Und er sollte wenigstens einen Teil der auf ihn entfallenden Lebenshaltungskosten aus seinem Einkommen decken. Das bereitet ihn auf eine realitätsnahe Geldeinteilung vor. Verlangen Sie ruhig, dass 100 oder 200 Euro vom Ausbildungsgehalt in die Haushaltskasse fließen. Wenn Ihnen das zu hart vorkommt und Sie sich Großzügigkeit leisten können: Es verlangt ja niemand, dass Sie das Geld für Ihre Haushaltsausgaben verwenden.

Beispiel

Birgit P.: Mein Sohn hat mit 17 eine Ausbildung begonnen und etwa 700 Euro netto verdient. Ich habe von ihm verlangt, dass er davon 100 Euro monatlich an mich abgibt. Die habe ich dann in einen Banksparplan eingezahlt, ohne dass er es wusste. Als er 20 war, wollte er ausziehen. Er hat sich sehr gefreut, als ich ihm sein Sparguthaben von fast 4.000 Euro präsentiert habe. Selbst hatte er nämlich kaum etwas angespart.

Noch besser gefällt mir die Drittelung, die das Stadtjugendamt München in der von ihm herausgegebenen Taschengeldbroschüre anregt[7]: Es schlägt vor, dass zuhause lebende Azubis von ihrem Nettoentgelt

► ein Drittel in die Haushaltskasse zuschießen,

► ein Drittel ansparen bzw. für notwendige Anschaffungen verwenden (z. B. Fahrkarte)

► und das restliche Drittel als Taschengeld für ihre persönlichen Bedürfnisse behalten dürfen.

Macht Ihr Kind Abitur und nimmt anschließend ein Studium auf, wird es noch einige Jahre länger kein regelmäßiges Einkommen haben, aus dem es seinen Lebensunterhalt oder überhaupt irgendwelche persönlichen Ausgaben bestreiten kann. Ältere Schüler sollten daher noch Taschengeld bekommen, sich aber zusätzlich in- und außerhalb Ihres Haushalts etwas dazuverdienen.

Von einem Studenten kann man dagegen meiner Meinung nach erwarten, dass er nebenher regelmäßig jobbt und sich sein Taschengeld selbst verdient. Das Studium wird für Sie als Eltern teuer genug, wenn Lebenshaltungskosten, Bücher, Fahrkosten und vielleicht sogar Miete für eine eigene Bude bezahlt werden müssen.

---

7) Landeshauptstadt München, Sozialreferat, Stadtjugendamt (Hg.): Wichtige Informationen rund um das Thema Taschengeld. Warum? Wofür? Wie viel?

Wofür sollte das Taschengeld verwendet werden?

Mit seinem Taschengeld sollte Ihr Kind sich nach freier Entscheidung kaufen können, was es haben möchte und was im Rahmen der verfügbaren Beträge liegt. Typischerweise sind das im Grundschulalter Süßigkeiten, Comics, Sammelbildchen, kleinere Spielsachen, CDs und gerade angesagte Schreibwaren wie Glitzerstifte oder Diddl-Blöcke. Das sind Dinge, die Sie Ihrem Kind nicht unbedingt kaufen würden – und genau deswegen ist das Taschengeld ja so wertvoll.

Vertrauen Sie Ihrem Kind. Es wird seine eigenen Erfahrungen machen und daraus lernen. Gibt es am Anfang alles Taschengeld für Süßigkeiten aus? Dann trösten Sie sich damit, dass es für 70 Cent oder einen Euro nicht so viel Süßes gibt, dass die gesunde Ernährung dadurch völlig ruiniert wird. Sagen Sie ihm, dass es dann daheim weniger Süßigkeiten bekommt (und bestehen Sie auf ausgiebigem Zähneputzen!).

Ihr Kind kauft sich ein überteuertes Heftchen wegen einer vermeintlich tollen Plastik-Schnickschnack-Beigabe? Dann können Sie ruhig sagen, dass Sie das Heft zu teuer finden und die Qualität der Beigabe für minderwertig halten – aber akzeptieren Sie es, wenn es trotzdem gekauft wird. Wenn bei der nächsten Aufräumrunde der mittlerweile kaputte oder uninteressante Schnickschnack im Mülleimer landet, können Sie durchaus erwähnen, dass es sich wohl doch um einen Fehlkauf gehandelt hat. Schon hat Ihr Kind wieder etwas gelernt. Ermöglichen Sie ihm diese Lernerlebnisse!

Mehr darüber, wie Ihr Kind sich in der Welt des Konsums zurechtfindet, lesen Sie in Kapitel 4.

Taschengeld ist keine pädagogische Allzweckwaffe!

Wie Sie bis jetzt gelesen haben, ist Taschengeld an sich bereits eine äußerst pädagogische Sache. Sie sollten es nicht mit weiteren Auflagen überfrachten. Sie sollten beispielsweise nicht darauf bestehen, dass Ihr Kind jede noch so kleine Ausgabe vorher mit Ihnen abspricht bzw. sie von Ihrer Einwilligung abhängig macht. Dann wäre das Taschengeld nämlich nicht mehr frei verfügbar.

Ebenso wenig sollten Sie verlangen, dass Ihr Kind von Anfang an Buch über seine Einnahmen und Ausgaben führt und seine Ausgaben in »sinnvolle« und »unnötige« einteilt. Grundschulkindern verdirbt das die Freude am eigenen Geld. Durch die strikte Kontrolle wird ihr Selbstwertgefühl untergraben und vielleicht sogar ein Anreiz zum Schummeln gesetzt. Das kann nicht in Ihrem Sinne sein.

Bei größeren Kindern, die ihr Taschengeld bereits monatlich erhalten und davon feste Ausgaben zu bestreiten haben (z. B. Handykarte oder irgendwelche Kursangebote), kann ein solches Einnahmen- und Ausgabenbuch dagegen sinnvoll sein. Es sollte aber freiwillig geführt und eher als Gesprächsbasis denn als Kontrollinstrument genutzt werden.

Manche Eltern wollen, dass ihr Kind von seinem Taschengeld seine Schulsachen selbst kauft. Das halte ich frühestens mit zwölf oder dreizehn Jahren für angemessen. Grundschulkinder sind damit überfordert, den Ersatzbedarf an Stiften usw. mengenmäßig und preislich zu kalkulieren und einzuplanen. Aller Wahrscheinlichkeit nach wird Ihr Kind eher die ungeliebten und aus seiner Sicht unvorhersehbaren Schulsachenkäufe reduzieren als auf seine »echten« Taschengeldausgaben zu verzichten und irgendwann ohne Stifte und Tintenpatronen in der Schule sitzen. Schulsachen bezahlen zumindest in den ersten Jahren besser die Eltern.

Ausnahme: Ihr Kind hat zum wiederholten Male Schulsachen verschlampt oder durch achtlosen Umgang gebrauchsunfähig gemacht. Dann können Sie durchaus androhen: »Wenn du den neuen Bleistift wieder gleich verlierst, kaufst du den nächsten von deinem Taschengeld!« Diese Konsequenz müssen Sie dann aber auch durchziehen.

Soll vom Taschengeld gespart werden?

Brent Kessel, der US-amerikanische Finanzberater, von dem in diesem Buch bereits die Rede war, empfiehlt grundsätzlich eine Dreiteilung des Taschengeldes: Ein Drittel darf ausgegeben werden, ein Drittel soll gespart und das letzte Drittel gespendet werden. Er meint, so würden sich die Kinder gleich an diesen Dreiklang aus Konsum, Vorsorge und sozialer Verantwortlichkeit gewöhnen, der ihnen als Erwachsene einen ausgeglichenen Lebensstil und innere Zufriedenheit bescheren wird.[8]

Ich halte das im Prinzip für eine sehr charmante Idee. Ihre Umsetzung setzt allerdings voraus, dass Ihr Kind eine relativ große Summe von Ihnen er-

---

8) Brent Kessel: It's Not About The Money, Unlock Your Money Type to Achieve Spiritual and Financial Abundance

hält. 60 Cent wöchentlich oder auch zehn Euro monatlich zu dritteln dürfte weniger für innere Ausgeglichenheit denn für Frust Ihres Kindes sorgen. Und ein Drittel des verfügbaren Geldes zu spenden entspricht eher der amerikanischen Mentalität sowie dem in den USA weitaus geringer ausgeprägten Wohlfahrtsstaat, der für eine viel größere Bedürftigkeit breiter Bevölkerungsschichten sorgt als bei uns.

Dennoch lässt sich das Grundprinzip an unsere Verhältnisse bzw. die Ihres Kindes anpassen, sobald es die dafür erforderliche Einsichtsfähigkeit sowie die entsprechenden Einkommensverhältnisse erlangt hat.

Zunächst sollten wir aber unterscheiden: Taschengeld ist etwas anderes als Geldgeschenke. Viele Kinder bekommen ab und zu Geld von Großeltern und Paten geschenkt. Manchmal mit einer Zweckbindung, etwa ausdrücklich als »Urlaubsgeld« oder »für ein Buch«, manchmal ohne. Größere Geldgeschenke gibt es in vielen Familien zu Geburtstagen, an Weihnachten, zur Kommunion, Konfirmation oder Jugendweihe.

Geldgeschenke ohne Zweckbindung sollten Sie Ihrem Kind nicht zum Ausgeben überlassen. Die gehören in die Spardose oder gleich auf das Sparkonto. Wenn etwa zur Kommunion eine größere Summe zusammenkommt – in manchen Familien handelt es sich um vierstellige Beträge! –, kann ein Teil davon für eine Anschaffung verwendet werden, etwa für einen Fotoapparat oder eine Spielkonsole. Der Rest wird auf die Bank getragen. Hier ist Zwangssparen äußerst sinnvoll.

Eine sehr hübsche und dem christlichen Gedanken entsprechende Idee finde ich es, insbesondere bei Geld zur Kommunion beziehungsweise Konfirmation, wenn Ihr Kind davon etwas für eine Hilfsorganisation spendet. Nicht gleich ein Drittel, aber vielleicht 20 oder 30 Euro. Sprechen Sie mit Ihrem Kind darüber und schlagen Sie Hilfsorganisationen vor, deren Anliegen und Projekte mit Kindern zu tun haben. Ihr Kind wird betroffen sein, wenn es hört oder liest, wie schlecht es vielen Kindern auf der Welt geht und stolz darauf, mit eigenem Geld helfen zu können.

Eine Spende sollte aber immer freiwillig erfolgen. Wenn Ihr Kind nicht spenden möchte, sollten Sie es nicht dazu zwingen (aber mit gutem Beispiel vorangehen).

Anders sieht es mit dem Taschengeld aus. Taschengeld ist Geld in der Tasche. Davon sollte nicht gespart werden müssen. Auch auf die Gefahr hin, mich zu wiederholen: Der pädagogische Nutzen des Taschengeldes liegt eben darin, dass es Geld zur freien Verfügung ist. Muss davon etwas für die Spardose abgezwackt werden, wird das von Ihrem Kind als frustrierender Zwangsverzicht auf attraktiven Konsum empfunden werden. Was lernt Ihr Kind daraus? Dass Sparen eine langweilige und blöde Sache ist, die man freiwillig nie machen würde. Das ist nicht das, was es lernen soll.

Wenn ein Grundschulkind von seinem Taschengeld spart, dann darf und soll das ein freiwilliger Vorgang sein. Erwarten Sie zunächst nicht zu viel: Manche Kinder sammeln das Geld mehr aus Gewohnheit an, wie sie es als Kindergartenkinder mit den geschenkten Wechselgeldmünzen gemacht haben. Andere wissen zunächst gar nicht, was sie sich kaufen wollen oder haben keine Gelegenheit, auf ein für sie interessantes Angebot zu treffen.

Darüber freuen sich die Eltern zumeist. Bis dann früher oder später die angesammelte Summe in einem kindlichen Kaufrausch ausgegeben wird. Und zwar meist nicht für Dinge, die Eltern gutheißen.

Beispiel

Meine jüngere Tochter hatte kurz nach ihrem 8. Geburtstag 14 Euro angespart. Bei jedem Einkaufsbummel überlegte sie ausgiebig, was sie kaufen wollte – ein Buch oder lieber eine CD, oder doch eine Packung Playmobil? –, konnte sich aber nie dazu durchringen, sich von ihrem Geld zu trennen. Bis in der Nachbarschaft ein Fest stattfand.

Sie verschwand dort mit ihrem kleinen Bruder, der kurz darauf freudestrahlend wieder auftauchte: »Wir haben Limo getrunken und Eis gegessen.« Sie hatte vier Limo für 1,50 Euro gekauft, eine davon sogar noch einem anderen Kind geschenkt, und das Ganze mit zwei Eis für je zwei Euro gekrönt.

Sie hatte in einer Stunde 10 Euro für Eis und Limo ausgegeben, und das, wo wir nur 20 Meter entfernt wohnen und (für sie kostenlose) Getränke und Eis im Kühlschrank hatten. Ich gestehe, dass ich sie dafür ziemlich geschimpft habe.

Etwas entspannter bin ich, seit ich weiß, dass es auch anderen so geht. Das Ansparen erfolgt bei Kindern oft eher absichtslos, und das Ausgeben ist zumindest am Anfang stark von plötzlichen Impulsen gesteuert. Viele Eltern haben mir ähnliche Geschichten von ihren Kindern erzählt.

Beispiel

Beate S.: Meine ältere Tochter ist 10 Jahre alt. Derzeit bekommt sie 10 Euro Taschengeld im Monat. Sie war in den ersten Jahren sehr sparsam mit ihrem Taschengeld und hat nur wenig ausgegeben. So haben sich auf ihrem Girokonto etwa 80 Euro angesammelt.

Dieses Frühjahr hat sie dann plötzlich die Kauflust gepackt: Sie hat erst eine größere Box mit teuren Fineliner gekauft, eine Woche später ein paar Stoff-Turnschuhe für 25 Euro, und dann war sie auf dem Rummel. Dort hat sie 20 Euro ausgegeben und ist dann sogar noch zur Bank gegangen, hat weiteres Geld abgehoben und weitere 7,50 Euro ausgegeben.

Daheim hat sie ganz entsetzt den Kontoauszug angeschaut und gesagt: »Mama, ich habe nur noch 1,40 Euro auf dem Konto. Das kann doch nicht sein!« Ich habe die Kontoauszüge kontrolliert und musste sagen: »Doch, das stimmt ganz genau.« Das hat sie sehr schockiert.

Solche Erfahrungen sind durchaus lehrreich. Sie dürfen Sie als Eltern kommentieren, sollten aber (anders als ich bei der Sache mit der Limo) möglichst nicht mit Schimpfen oder Verboten reagieren.

Im mittleren Grundschulalter wird ihr Kind möglicherweise erstmals freiwillig und gezielt mit dem Sparen beginnen. Das Sparziel ist dabei aber nicht das Anwachsen der Summe auf dem Sparbuch, sondern in aller Regel ein bestimmter Konsumwunsch. Ihr Kind hat beispielsweise eine Buch- oder CD-Reihe entdeckt und möchte sich das neueste Exemplar kaufen. Später werden teurere Anschaffungen wie Handykarten oder Computerspiele Sparziele sein, auf die Ihr Kind wochenlang hinarbeitet. Das ist pädagogisch wertvolles Sparen. Ihr Kind lernt: »Wenn ich jetzt auf etwas verzichte, kann ich mir dafür später etwas ganz Tolles leisten.« Das ist ein wesentlicher Schritt auf dem Weg zum souveränen Umgang mit Geld.

Was tun, wenn das Taschengeld nicht reicht?

Dass am Ende des Geldes noch etliche Tage von der Woche oder dem Monat übrig sind, ist eine völlig normale Erfahrung, die Ihr Kind sehr schnell machen wird. Wenn das Geld ausgegeben ist, ist es eben weg und es heißt warten, bis es wieder welches gibt. Nur wer diese Erfahrung ein- oder mehrmals gemacht hat, kann daraus lernen, zukünftig nicht jedem flüchtigen Kaufimpuls nachzugeben.

Erst wenn Ihr Kind dauerhaft nicht mit seinem Geld auskommt, öfter eine Erhöhung oder ständig einen Vorschuss verlangt, sollten Sie sich ernsthaft mit der Taschengeldfrage beschäftigen und überlegen, wo die Ursache des Problems liegen könnte. Dabei gibt es zwei Möglichkeiten:

Vielleicht bekommt Ihr Kind zu wenig Taschengeld?

Taschengeld ist aus Sicht der Kinder eigentlich immer zu wenig. Und das ist gut so. Nur wenn es knapp ist, wird Ihr Kind lernen, sorgsam damit umzugehen und gleichzeitig einen Anreiz erhalten, mit eigener Leistung zusätzlich Geld zu verdienen.

Anders sieht es aus, wenn Ihr Kind so wenig Taschengeld bekommt, dass es damit gar nicht auskommen kann. Sie erinnern sich: Die Höhe des Taschengeldes sollte sich am Alter des Kindes, an Ihrer finanziellen Situation, an den Lebenshaltungskosten in Ihrer Region und an den Taschengeldzahlungen in Ihrem Umfeld orientieren. Klagt ihr Kind dauerhaft über zu wenig Geld, sollten Sie daher zunächst überprüfen, ob Ihre Zahlungen aus dieser Sicht angemessen sind.

Überlegen Sie: Was kann Ihr Kind mit der verfügbaren Summe eigentlich kaufen bzw. machen? Sind für sein Alter angemessene kleinere Konsumwünsche damit finanzierbar? Bekommen andere Kinder in Ihrem Bekanntenkreis tatsächlich deutlich mehr? Wenn Ihr Kind nach diesen Kriterien objektiv zu wenig Taschengeld bekommt, sollten Sie es erhöhen.

Oder Ihr Kind bekommt Taschengeld in eigentlich angemessener Höhe, muss davon aber zu viele Dinge selbst bezahlen, die üblicherweise die Eltern finanzieren. Busfahrkarten, Vereinsbeiträge oder Schulsachen etwa. Dann bleibt schlicht zu wenig Geld zur freien Verfügung übrig. In diesem Fall sollten Sie entweder das Taschengeld erhöhen oder die Pflichtausgaben verringern.

Und was, wenn Sie das Taschengeld nicht erhöhen können, weil Sie dafür keinen finanziellen Spielraum haben? Dann sollten Sie mit Ihrem Kind offen darüber sprechen und Ihre Lage erklären. Überlegen Sie gemeinsam, wo Sie im Haushalt noch etwas einsparen können, um ein paar Euro für Taschengeld freizusetzen. Und ermutigen Sie Ihr Kind besonders frühzeitig dazu, selbst Geld zu verdienen. Ab dem 13. Geburtstag ist das mit kleineren Nebenjobs außer Haus möglich (mehr über Zuverdienste für Kinder lesen Sie in Kapitel 5).

Oder Ihr Kind hat noch nicht gelernt, das Geld richtig einzuteilen

Das ist der häufigere Fall. Sie wissen vermutlich aus eigener Erfahrung, dass es nicht leicht ist, Geld über einen längeren Zeitraum einzuteilen. Das ist eine komplexe Lernaufgabe für ein Kind. Kein Wunder, wenn es den vielen Verlockungen der Warenwelt erliegt, sich impulsiv Wünsche erfüllt und frustriert ist, wenn beim nächsten Kaufimpuls kein Geld mehr da ist. Sie können es aber dabei unterstützen, das Problem in den Griff zu bekommen:

▶ Besprechen Sie mit Ihrem Kind, ob Sie die Zahlungsweise umstellen sollen. Wenn ein Monat als Planungszeitraum noch zu lang ist, tut sich Ihr Kind möglicherweise mit einer 14-tägigen Zahlung leichter. Oder Sie gehen vorübergehend sogar wieder zur wöchentlichen Zahlung über.

▶ Ermutigen Sie Ihr Kind, ein Ausgabenbuch zu führen und selbst zu überlegen, welche Ausgaben es im Nachhinein für sinnvoll hält und worauf es lieber verzichtet hätte. Es soll aber vorrangig sich selbst Rechenschaft ablegen und sich nicht vor Ihnen rechtfertigen müssen.

▶ Thematisieren Sie Ihr eigenes Ausgabeverhalten stärker. Weisen Sie im Supermarkt darauf hin, dass Sie jetzt gerne saftige Steaks für die ganze Familie kaufen würden, dadurch aber Ihr Wochenbudget gesprengt würde. Sagen Sie, wenn Sie ein schönes T-Shirt gesehen haben, dass Sie sich aber nicht kaufen, weil der Etat für Kleidung diesen Monat bereits ausgeschöpft ist. Erzählen Sie von Ihren Anschaffungswünschen und wie Sie dafür sparen.

▶ Geben Sie Ihrem Kind die Möglichkeit, sich durch größere Hilfsdienste im Haushalt etwas dazuzuverdienen. Selbst verdientes Geld wird erfahrungsgemäß mehr geschätzt und vorsichtiger ausgegeben als geschenktes.

Was Sie bei chronischer Geldknappheit Ihres Kindes **nicht** tun sollten:

▶ Mit Ihrem Kind schimpfen und es zum Führen eines Ausgabenbuches zwingen. Diese Zwangsmaßnahmen verderben ihm das Thema Geld gründlich und verleiten es möglicherweise zum Schummeln.

- Das Taschengeld über das objektiv (nach den oben genannten Kriterien) angemessene Maß hinaus erhöhen.
- Dem Kind die Dinge schenken, die es kaufen will, für die es aber kein Geld mehr hat.
- Dem Kind zusätzliche Geldgeschenke machen.
- Regelmäßig einen Vorschuss auf das Taschengeld gewähren oder Ihrem Kind Geld leihen.

Sie wissen inzwischen: Auf die Erfahrung des Mangels kommt es an. Wenn Sie bei Geldknappheit einfach immer nachbessern, lernt Ihr Kind: »Ich muss nur genug quengeln, dann bekomme ich alles, was ich will oder wenigstens das Geld dafür«. Das ist nicht das Lernziel einer gesunden Gelderziehung.

Kinder sind einfallsreich und Eltern nicht die einzigen Adressaten von Geldwünschen. Großeltern, Paten und andere Verwandte, selbst Geschwister werden oft auch um Geld angebettelt, wenn das eigene schon weg ist. Manchmal werden Sie sich wundern, warum Ihr Kind plötzlich wieder »flüssig« ist.

Ein Gespräch mit den großzügigen Gebern kann dann hilfreich, wenn auch mitunter etwas mühsam sein. Verwandte und Paten meinen es ja gut, wenn sie dem Kind einen Wunsch erfüllen oder ihm ein paar Münzen schenken. »Ach, die zwei Euro, das ist doch nicht viel«, werden Sie dann vielleicht als Antwort hören. Aber für ein Kind, das einen Euro Taschengeld pro Woche bekommt, machen zusätzliche zwei Euro eben eine Verdreifachung des Salärs aus. Das ist schon viel.

Sie sollten also erklären, dass und warum es Ihrem Kind schadet, auf Nachfrage jederzeit weiteres Geld zu erhalten. Vereinbaren Sie mit den externen Geldgebern lieber, dass sie Geldgeschenke nur zu bestimmten Anlässen (Geburtstag, Weihnachten, Urlaub) machen und für Gaben außer der Reihe zumindest eine Gegenleistung fordern, etwa einen kleinen Dienst im Haushalt.

Darf ein Kind Schulden machen?

Keine Sorge, bei Banken oder anderen Unternehmen kann ein Minderjähriger grundsätzlich keine Schulden machen. Aber was ist, wenn Ihr Kind Sie oder seine Geschwister anpumpt?

Sicher werden Sie ihm ein- oder zweimal Geld leihen, wenn es gerade knapp bei Kasse ist und einen dringenden und an sich akzeptablen Konsumwunsch hat. Natürlich achten Sie darauf, dass der fragliche Betrag wirklich wieder zurückbezahlt bzw. vom nächsten Taschengeld einbehalten wird. Ein Dauerzustand sollte daraus aber nicht werden. Selbst wenn es sich nur im Verwandtenkreis verschuldet: Kein Kind und kein Jugendlicher sollte Schulden als etwas Normales betrachten.

Beispiel

Oliver L.: Meine jüngere Tochter ist 9. Sie bekommt 1,50 Euro Taschengeld und hat schon seit Monaten auf eine Digitalkamera gespart. Dafür hat sie sich Geld zu Weihnachten gewünscht, Rasen gemäht, Auto gewaschen und Taschengeld zur Seite gelegt. Meine Frau und ich haben gesagt, wir geben 50 Euro dazu, aber nicht mehr.

Nun gab es das Modell, das wir im Auge hatten, im Sonderangebot für 119 Euro. Meiner Tochter fehlten noch 4 Euro zu ihrem Anteil von 69 Euro. Da habe ich gesagt, ich leihe ihr das Geld. Sie hat einen Schuldschein gebastelt, in dem sie schriftlich versichert hat, dass sie in den nächsten 2 Wochen kein Taschengeld und die Woche darauf nur 50 Cent bekommt, weil ich ihr 4 Euro geliehen habe.

Das war für sie eine sehr ernsthafte Angelegenheit. Nach der dritten Woche hat sie den Schuldschein zerrissen und gesagt: »Jetzt gehört der Fotoapparat wirklich mir!«

Sie können das bei einem Betrag von vier Euro übertrieben finden. Ich halte es für ein sehr gutes Beispiel dafür, wie man einem Kind deutlich machen kann, dass Geld zu leihen bzw. zu verleihen keine Selbstverständlichkeit ist.

Bei Jugendlichen werden Sie zu diesem Lehrzweck allerdings schwerere Geschütze auffahren müssen als einen selbst gebastelten Schuldschein.

Der Erziehungsberater Dr. Hermann Liebenow, dessen Interview Sie gleich lesen werden, hat dazu einen hervorragenden Tipp parat:

Wenn Ihr Kind im Teenageralter Sie zum wiederholten Male anpumpt, antworten Sie zuvorkommend: »Ich leihe dir gerne etwas. Da du aber schon zum fünften Mal Geld von mir leihen willst, mache ich es wie eine Bank: Ich verlange Zinsen von dir. Ich gebe dir 46 Euro, aber du zahlst mir 50 Euro zurück.« Wahrscheinlich wird Ihr Kind sich dann empören: »Das ist Ausbeutung!« Worauf Sie gelassen antworten können: »Stimmt. Genau diese Erfahrung möchte ich dir vermitteln. Niemand leiht dir einfach so Geld. Du musst es immer mit Zinsen zurückzahlen. Das ist teuer. Deswegen ist es besser, so zu haushalten, dass man sich nichts leihen muss.«

Im Gespräch

Interview mit *Dr. Hermann Liebenow*, Kinder- und Jugendlichen-Psychotherapeut und Erziehungsberater. Er ist Autor des Beitrags »Taschengeld« im Onlinefamilienhandbuch des Freistaats Bayern.

Manche Mütter haben mir bei meinen Recherchen gesagt: »Meine Kinder brauchen kein Taschengeld. Sie bekommen von mir alles, was sie brauchen.« Was halten Sie davon?

Es ist schön, dass Sie gut für Ihr Kind sorgen. Aber wer sagt Ihnen, dass es ihm immer so gut gehen wird? Irgendwann wird Ihr Kind für sich selbst aufkommen und mit seinem eigenen Geld auskommen müssen. Durch »alles bekommen« sind Ihrem Kind aber keine eigenen Erfahrungen mit Geld möglich. Es lernt nicht, zu schauen, was etwas kostet, Preise zu vergleichen, etwas auszuwählen, sich für etwas zu entscheiden und damit auf etwas anderes zu verzichten. Diese Erfahrungen braucht ein Kind aber unbedingt, um den Umgang mit Geld zu lernen.

Andere Eltern sagen, sie haben nicht genügend Geld, um auch noch Taschengeld zu zahlen.

Es gibt zweifellos einige tragische Fälle, in denen die finanzielle Situation einer Familie tatsächlich so angespannt ist, dass kein einziger Euro übrig bleibt. Das sind meiner Erfahrung nach aber absolute Ausnahmen. Auch von Hartz IV kann man ein paar Euro abzwacken, und im Sozialhilfesatz ist sogar extra ein gewisser Betrag für Taschengeld enthalten. Gerade wenn in einer Familie das Geld knapp ist, sollte das Kind lernen, damit umzugehen. Dafür sollten die Erwachsenen auch zu einem Verzicht bereit sein, etwa bei Zigaretten oder anderen Genussgütern.

Ab welchem Alter halten Sie Taschengeld für sinnvoll? In manchen Ratgebern wird als »Einstiegsalter« vier bis fünf Jahre angegeben.
Das ist meiner Meinung nach zu früh. Regelmäßiges Taschengeld ist erst für Vorschulkinder sinnvoll, da erst mit etwa sechs Jahren das Zahlenverständnis eines Kindes so weit ausgeprägt ist, dass es mit dem Geld etwas anfangen kann. Da die Geburtstage der Kinder recht unterschiedlich liegen, empfehle ich Ostern oder Pfingsten vor dem Schulstart. Dann ist auch noch genügend Zeit, sich im Umgang mit dem Taschengeld zu üben, bevor die Schule beginnt. Und in den folgenden Jahren wird sich Ostern oder Pfingsten immer etwas Zeit für ein Bilanzgespräch und die jeweilige Taschengelderhöhung finden.

Was lernt ein Kind im Umgang mit seinem Taschengeld eigentlich?
Vieles. Am Anfang wird es vor allem das faszinierende Phänomen sein, dass man an allen möglichen Orten für Geld Dinge bekommen kann, am Kiosk, im Freibad wie im Supermarkt, im Urlaub im Ausland wie bei der Oma. Dann kommt irgendwann die Erkenntnis dazu, dass unterschiedliche Dinge unterschiedlich viel kosten und sogar gleiche Dinge mal teurer und mal billiger angeboten werden. Das Kind lernt vergleichen und überlegen: »Wofür gebe ich mein Geld aus?« Dazu ist eine gewisse Mangelsituation sehr nützlich. Geld ist nicht unbegrenzt da, sondern wenn man das eine dafür kauft, kann man das andere eben nicht haben.

Die letzte Stufe dieser Entwicklung ist die Erfahrung, dass man selbst etwas dafür tun kann, Geld zu bekommen. Nämlich indem man es verdient. Das ist sicher die wichtigste Erkenntnis im Rahmen der Gelderziehung: Geld ist geleistete Arbeit. Mit Geld kauft man etwas, das ein anderer bereits erarbeitet hat, und man selbst kann auch arbeiten, um zu Geld zu kommen.

Sollte ein Kind über sein Taschengeld völlig frei verfügen können, oder sollten die Eltern bei seiner Verwendung steuernd eingreifen?
Grundschulkinder sollten Sie mit dem Thema Geld nicht ganz allein lassen. Geben Sie Empfehlungen oder Ratschläge, etwa ob Sie ein Angebot für zu teuer oder für ungeeignet halten. Entscheiden darf das Kind dann aber selbst. Mit Weisungen eingreifen sollten Sie nur in moralischen

Ausnahmefällen, wenn etwa das Kind versucht, mit Geld ein anderes Kind zu bestechen oder zu erpressen. Das geht natürlich nicht, und das müssen Sie auch deutlich machen.

Jugendliche wollen für gewöhnlich keine elterlichen Ratschläge mehr haben. Dann geben Sie auch keine. Jedenfalls nicht in Bezug auf das Taschengeld. Bei den großen Beträgen auf Sparkonten haben Sie ein gewisses Vetorecht, bis Ihr Kind volljährig ist. Das sollten Sie auch ausüben, zum Beispiel wenn der 17-jährige Sohn die für den Führerschein angesparte Summe für eine Party oder Reise auf den Kopf hauen will. Vielen Jugendlichen ist diese Art der elterlichen Kontrolle sogar ganz recht.

Woher weiß ich denn, ob mein Kind genug Taschengeld bekommt?
Zunächst kann man sich an den üblichen Tabellen orientieren. Jedoch sollten einige Wünsche des Kindes auch noch zurückgestellt werden oder besondere Anstrengungen erfordern. Das Taschengeld sollte also immer so knapp sein, dass das Kind motiviert ist, sich etwas dazuzuverdienen. Schon in der Mitte des Grundschulalters sollten Eltern Möglichkeiten schaffen, mit Extraleistungen wie guten Noten oder Kleinjobs im Haus Extrageld zu verdienen. Diese Erfahrung, dass man sich Geld erarbeiten muss und kann, halte ich für extrem wichtig.

Allzu viele Kinder lernen das nicht. Es ist immer wieder erschreckend für mich zu sehen, wie viele Jugendliche noch im Alter von 14 oder 17 Jahren keine Ahnung davon haben, was Geld ist. »Man kann damit etwas kaufen«, bekomme ich dann als Antwort, oder »es ist immer zu wenig«. Aber das ist zu wenig Wissen, um seine Finanzen in den Griff zu bekommen und den schnellen Krediten widerstehen zu können.

4

Wie Kinder lernen, sich in der bunten Welt des Konsums zurechtzufinden

Eltern heranwachsender Kinder tragen Fotos in den Taschen,
wo sie früher mal das Geld drin hatten.
WILLY MEURER

Unsere Großeltern mussten sich um die Konsumerziehung ihrer Kinder noch keine Gedanken machen. Wozu auch? Konsum war für die meisten Familien genau das, was das aus dem Lateinischen stammende Wort besagt: Verzehr und Verbrauch.

Man war froh, wenn es genügend Lebensmittel zum Verzehr gab und verbrauchte, was man sonst noch zum Leben benötigte. Manchmal gab es für die Kriegs- und Nachkriegskinder nicht einmal das. Da war die Erziehung einfach: Man musste sehen, wie man das Lebensnotwendige bekam, eisern sparen und noch aus dem winzigsten Restchen Material herausholen, was ging.

Diesen Zeiten brauchen wir nicht hinterherzutrauern. Mit dem Wirtschaftswunder der 50er- und 60er-Jahre des letzten Jahrhunderts kam eine neue Üppigkeit auf: Man konnte sich einen Fernseher leisten, ein Auto, Urlaub. Wir als heutige Elterngeneration, die wir in den 70er- und 80er-Jahren aufgewachsen sind, fanden es bereits selbstverständlich, nicht nur das zu haben, was wir zum Leben unbedingt brauchten, sondern viel, viel mehr. Wir brauchten bereits eine Konsumerziehung. Unsere Eltern, die selbst noch im Mangel aufgewachsen waren, taten sich damit gar nicht so schwer.

Heute ist Konsumerziehung schwieriger geworden. Existenziellen Mangel haben wir heutigen Eltern nicht erlebt. Selbst arme Familien müssen nicht hungern, sondern können sich mit allem wirklich Lebensnotwendigen versorgen. Die meisten von uns können sich auch alles Mögliche darüber hinaus leisten: Auto, Fernseher und Reisen sind für eine Durchschnittsfamilie ebenso selbstverständlicher Standard wie ein gut gefüllter Kleiderschrank und volle Spielzeugkisten in den Kinderzimmern.

Wir sind umgeben von Überfluss: In einem durchschnittlichen Supermarkt haben wir 30.000 Produkte zur Auswahl, am Kiosk gibt es Hunderte von Zeitschriften, im Fernsehen über 50 Programme. Kein Wunder, dass die Werbewirtschaft so viel zu tun hat. All diese Produkte wollen Käufer finden, sollen dem Zielpublikum bekannt und den Umworbenen schmackhaft gemacht werden. Wo es schon alles gibt und jeder schon alles hat, ist es viel schwieriger geworden, sich von der Masse abzuheben und Einzigartigkeit zu demonstrieren.

Unsere Kinder brauchen unsere Hilfe, wenn sie sich im riesigen Konsumangebot unserer Zeit zurechtfinden sollen. Sie brauchen Beratung und Aufklärung. Sie müssen lernen, zu vergleichen, auszuwählen, sich zu entscheiden und Werbeversprechen auf ihren Realitätsgehalt hin zu überprüfen. Das hängt eng mit der Gelderziehung zusammen, geht aber über diese noch hinaus.

Ziel der Konsumerziehung muss es sein, unsere Kinder zu souveränen Konsumenten heranwachsen zu lassen. »Souverän« heißt laut Duden: selbstständig, unumschränkt, überlegen.

Ein souveräner Konsument ist jemand, der selbstständig denkt und handelt, der sich seine Handlungsfreiheit durch den klugen Umgang mit seinem Geld erhält und sich weder den vermeintlichen Zwängen der »Das-muss-man-haben-Fraktion«, noch den eigenen Gelüsten und (Kauf-)Impulsen hilflos ausgeliefert sieht.

Voraussetzung für die Souveränität als Konsument ist jeweils eine gute Portion Selbstbewusstsein, Erfahrung und Überlegung. Eine souveräne Kaufentscheidung ist eine, die erst dann gefällt wird, wenn zwei Fragen mit einem klaren »Ja« beantwortet wurden:

▶   Will ich das wirklich?
▶   Ist es mir den Preis wert?

Wenn die Antwort auf eine dieser Fragen »nein« lautet, kauft der souveräne Konsument eben nicht.

Wie kann Ihr Kind das lernen? Welche Bausteine gehören zur Konsumerziehung? Wie viel Geld haben Kinder heute, und wofür geben sie es aus? Und wie ist hier eigentlich die Rechtslage? Mit diesen Fragen beschäftigt sich das folgende Kapitel.

Konsumerziehung geht über Gelderziehung hinaus

Konsumerziehung beginnt lange, bevor Ihr Kind seine erste Münze in die Hände einer Kassiererin legt und erstreckt sich auch auf Bereiche, die nicht direkt mit Geld zusammenhängen.

Die Verwöhnfalle 1:
Wenn Bequemlichkeit mit Liebe verwechselt wird

Wir lieben unsere Kinder. Natürlich. Wir wollen, dass es ihnen gut geht. Ja, sicher. Wir wollen, dass sie alles bekommen, was sie sich wünschen ... nein, das geht dann doch ein bisschen zu weit. Kinder sollen keineswegs alles bekommen, was sie sich wünschen, sondern alles, was sie **brauchen**.

Kinder brauchen die Erfahrung von Liebe, von Geborgenheit, von Wertschätzung. Sie brauchen viel Zärtlichkeit, Kuschelmomente, Spiel und Toben. Sie brauchen viel Zeit und Aufmerksamkeit von den Eltern. Aber genauso brauchen sie Regeln und Grenzen. Sie brauchen die Erfahrung des Etwas-nicht-haben-Könnens, des Wartens, des Teilens und Verzichtens. Alles zu bekommen, was man sich wünscht, ist kein Segen, sondern ein Fluch.

Das betrifft übrigens nicht nur materielle Dinge: Ein Kind, das ununterbrochen von seinen Eltern und/oder Großeltern »bespielt« wird, lernt das Glück des Sich-selbst-Beschäftigens nicht kennen. Ein Kind, dem man alles abnimmt und alle Frustrationen erspart, wird unselbstständig und erfährt nie, wie stolz und zufrieden die eigene, hart erkämpfte Leistung macht. Ein Kind, das alles bekommt, was es will, kann sich über nichts mehr richtig freuen. Es ist immer unzufrieden.

Hinter der Verwöhnung von Kindern steckt nicht nur Liebe. Oft ist es auch die Bequemlichkeit oder die Konfliktscheu der Eltern. Ich habe im Bekanntenkreis Mütter, deren Söhne sich im Alter von sechs Jahren noch nicht alleine anziehen können. »Komm, ich mach das für dich« hieß es erst, weil die Mütter keinen Nerv hatten, minutenlang zuzusehen, wie das Kind sich mit der Hose und den Schuhen abmühte. Heute probieren es die Kinder gar nicht mehr selbst, sondern warten gleich darauf, dass Mama ihnen die Hose hoch- und die Schuhe anzieht. Wir reden hier natürlich von Schuhen mit Klettverschluss. Als ich das letzte Mal Schuhe kaufen war, hat mir die Verkäuferin erzählt, sie hätte gerade einem 14-Jährigen Stoff-Turnschuhe verkauft, die er unbedingt haben wollte, weil sie gerade so angesagt sind. Er habe volle vier Versuche ge-braucht, bis er die Schnürsenkel endlich gebunden hatte. Zu locker natürlich.

Ich kenne Eltern, deren (gesunder) vierjähriger Sohn sich weigert, den ei-nen Kilometer bis zum nächsten Spielplatz auf seinen eigenen Füßen oder mit dem Laufrad zurückzulegen. Weil die Eltern möchten, dass er auch mal drau-ßen spielt und er das auf dem Spielplatz gerne tut, tragen sie ihn die Hälfte der Strecke dorthin. Das ist ihnen lieber, als das Geschrei auszuhalten, das er macht, wenn er sich aus eigener Kraft fortbewegen soll.

Neulich habe ich gehört, dass ein Kindergarten die Strecke des Laternen-umzugs zu Sankt Martin halbieren musste. Die Mütter fanden, die alte Strecke (die seit zehn Jahren üblich gewesen war) sei zu weit und ihren Kindern nicht zuzumuten.

Ohne hier in das allgemeine Erziehungslamento einfallen zu wollen: Hier läuft doch etwas schief! Wollen wir unsere Kinder zu lebenstüchtigen und leis-tungsfähigen Erwachsenen großziehen, die durch ihre Arbeit Wert erzeugen, Geld verdienen und so bewusst wie genussvoll konsumieren? Oder zu selbst-verliebten Anspruchsträgern, die nie mit etwas zufrieden sind und gar nicht erst auf die Idee kommen, sich für irgendetwas anzustrengen?

Ein Kind liebevoll großzuziehen heißt nicht, ihm alles Unangenehme ab-zunehmen, sondern ihm seine eigenen Lernerfahrungen mit allen ihren Fehl-schlägen und Erfolgen zuzugestehen und es dabei mit Rat und emotionaler Unterstützung zu begleiten.

Die Verwöhnfalle 2:
Wenn Geschenke mit Liebe verwechselt werden

Verwöhnung hat auch eine materielle Seite. Kinder besitzen heute unglaub-lich viel. Schon Babys im Alter von wenigen Wochen könnten aus einem Dut-zend Rasseln, Schnullerketten und Plüschtieren auswählen – wenn sie dazu schon in der Lage wären. Im Laufe der Kindheit kommen immer mehr, grö-ßere und teurere Spielsachen dazu, bis hin zur Wii, zum eigenen Fernseher oder PC.

Sicher liegt das auch daran, dass es in unserer Gesellschaft nicht mehr so viele Kinder gibt und sich die Zuneigung der Eltern und Großeltern, Onkel, Tanten und Paten auf weniger Kinder verteilt. Meine Großmutter mütter-licherseits hatte zwölf Enkel. Da hielten sich die Weihnachtsgeschenke und

Geldzuwendungen zwangsläufig in Grenzen. Meine Eltern haben nur noch vier Enkelkinder. Die bekommen schon deutlich mehr ab.

Geschenke sind im menschlichen Miteinander einfach wichtig. Geschenke sind auch unter Erwachsenen Zeichen von Wertschätzung und Liebe. Für Kinder gilt das noch mehr. Der Anthropologe Claude Lévi-Strauss meinte sogar: Für Kinder seien Geschenke nicht nur ein Zeichen dafür, dass sie geliebt werden, sondern auch dafür, dass sie der Liebe würdig seien.

Diese Zeichen sollen sie natürlich bekommen. Ein Mitbringsel, wenn die Mama ein paar Tage verreist war, eine Osterüberraschung von der Oma und die sorgsam ausgewählten Geschenke zum Geburtstag und zu Weihnachten sind Zeichen unserer Liebe, und sie machen unsere Kinder glücklich.

Aber sind Geschenke immer Zeichen Ihrer Liebe? Ganz ehrlich: Geschenke haben auch noch andere Funktionen. Sie können zum Beispiel stehen für

- ▶ **Bestechung:** »Wenn du brav bist, kaufe ich dir …«
- ▶ **Bequemlichkeit:** Ich habe keine Lust auf den versprochenen Spielenachmittag. Dann bekommt das Kind eben ein neues Computerspiel, mit dem es sich alleine vergnügen kann.
- ▶ **schlechtes Gewissen:** Ich habe eigentlich viel zu wenig Zeit für das Kind. Dafür bringe ich ihm etwas Schönes mit.
- ▶ **Polieren des eigenen Egos:** Ich bin erfolgreich, ich kann es mir leisten, meinem Kind schöne Geschenke zu machen.
- ▶ **das Übertrumpfen anderer:** Meine Geschenke sind die tollsten und schönsten. Wenn die Exfrau/Schwägerin/Schwiegeroma dem Kind einen Playmobil-Bauernhof schenkt, bekommt es von mir mindestens den Playmobil-Zirkus mit allem Zubehör.

Kommt Ihnen da etwas bekannt vor? Wir haben alle schon Geschenke gemacht, die eine andere Funktion als nur den Ausdruck unserer Liebe hatten. Das kann mal passieren. Zum Dauerfall sollte es nicht werden.

Auch wenn die Wunschlisten unserer Kinder manchmal in wahre Bestelllisten mit über 20 Positionen ausarten, meine ich: Jedes Kind sollte zum Geburtstag oder zu Weihnachten nur ein größeres Geschenk bekommen, und zwar eines, das es unbedingt haben will. Daneben können noch ein paar kleinere Päckchen auf dem Gabentisch liegen. Mehr nicht. Das Kind soll sehen: »Meine Eltern wissen, was mir wirklich wichtig ist, und das schenken sie mir auch. Aber sie überschütten mich nicht.«

Weihnachten ist nun mal das Fest der Liebe und damit der Geschenke. Aber niemandem, auch keinem Kind, sind 35 Sachen gleich und total wichtig. Wenn es 30 davon nicht bekommt, ist das keine Katastrophe und kein Mangel an Liebe, sondern die ganz normale Beschränkung eines vernünftigen Umgangs mit Geld und Konsum.

Ganz ungut ist es, wenn unter dem Weihnachtsbaum ein wahrer Wettstreit um die größte Kinderliebe ausbricht. Am Ende sitzt ein überfordertes Kleinkind plärrend inmitten aufgerissener Geschenkverpackungen und mag mit gar nichts mehr spielen oder mäkelt ein unzufriedener Teenager an den unzureichenden Handyfunktionen, dem zu langweiligen Computerspiel, den peinlichen Klamotten und den viel zu wenigen (»nur 8 – ich habe mir doch 20 gewünscht!«) CDs herum. Wenn Sie das nicht wollen, schenken Sie einfach weniger. Bitten Sie die Großeltern, sich an dem einen größeren Geschenk zu beteiligen oder »bestellen« Sie bei ihnen etwas von den Top Fünf auf der Wunschliste.

Wo wir gerade bei Weihnachten sind: Das ist aus meiner Sicht nicht nur ein wunderschönes Fest, sondern auch eine höchst pädagogische Angelegenheit. Was lernen die Kinder da nicht alles: Man muss lange auf Weihnachten warten und zählt die Tage spätestens ab dem 1. Dezember. So lange kann man sich auf das Fest (und die Geschenke) freuen. Man bereitet sich vor, bastelt, bäckt und schreibt Wunschlisten. Man überlegt, was man anderen schenken kann und worüber die sich wohl freuen.

Denn das ist ebenfalls ein wichtiges Lernerlebnis für Kinder: »Ich werde geliebt und bekomme Geschenke, die mir Freude machen. Und ich kann anderen meine Liebe zeigen und eine Freude machen, indem ich ihnen selbst Geschenke mache.« Dabei lernen sie auch, dass nicht der materielle Wert eines Geschenks entscheidend ist, sondern die Liebe und Mühe, mit der es passend ausgesucht und/oder gemacht wurde.

Die Verwöhnfalle 3:
Wenn Kinder zu Materialisten erzogen werden

Menschen, denen Erfolg, Besitz und Reichtum am wichtigsten im Leben sind, nennt man **Materialisten**. Ein Materialist ist jemand, der glaubt, sein persönliches Glück und die Anerkennung der anderen hingen ausschließlich von seinem Besitz, seinem Konsum, seinem Haben ab. Das Haben bestimmt für ihn über das Sein. Er lebt nach dem Motto »Ich bin, was ich habe und was ich mir leisten kann«.

Diese Einstellung prägt auch seinen Umgang mit anderen Menschen: Materialisten haben und pflegen weniger Freundschaften, wählen Freunde eher nach ihrer »Nützlichkeit« für ihr weiteres Fortkommen aus, arbeiten mehr und konsumieren sehr statusorientiert. Volkswirtschaftlich betrachtet sind Materialisten zweifellos nützlich, eben weil sie hart arbeiten und viel konsumieren, damit Wert erzeugen, die Nachfrage anregen und Steuern zahlen. Staat und Wirtschaft werden Ihnen dankbar sein, wenn Sie einen kleinen Materialisten großziehen.

Aber wollen Sie das? Materialismus gilt nicht gerade als Tugend, und das nicht ohne Grund. Schon in der Bibel ist der Tanz um das Goldene Kalb ein schwerer Sündenfall, weil der Mensch nach biblischem Verständnis zu Höherem berufen ist als zur Anbetung des Materiellen.

Und glücklich macht die sowieso nicht: Hinter dem Haben- und Zeigen-Wollen steckt eine tiefe innere Unsicherheit. Der materialistische Mensch glaubt, selbst nichts wert zu sein, wenn er keinen Besitz und Erfolg vorzuweisen hat. Er glaubt, er sei als Mensch nicht genügend liebenswert, um ohne das Haben die Anerkennung anderer zu finden. Er kann auch andere nicht als Menschen wahrnehmen, sondern stuft sie nach ihrem Status und Besitz ein. Das verhindert erfüllte und erfüllende Beziehungen und macht auf Dauer zutiefst einsam und unglücklich. Das wünschen wir unseren Kindern nicht.

Kleine Kinder sind nicht materialistisch. Sie mögen andere Menschen, die nett und fröhlich, freundlich und hilfsbereit sind. Sie spielen gerne mit einem Kind, das tolle Spielsachen hat. Wenn dieses aber ein quengelndes Ekelpaket ist, spielen sie das nächste Mal wieder lieber mit dem fröhlichen Nachbarskind, das keine so schönen Spielsachen, aber immer tolle Spielideen hat. Sie machen ihren eigenen Wert auch nicht an ihrer Kleidung und ihren Spielsachen fest, sondern eher an Fähigkeiten: »Ich kann schneller rennen als Maximilian und höher klettern als Jessica.«

Im Kindergarten bilden sich dann zwar schon bestimmte Markenbekanntheiten aus, aber meiner Erfahrung nach spielen sie noch lange Jahre unter den Kindern selbst keine so große Rolle, wie manche glauben. In diesem Alter haben die Eltern noch einen dominierenden Einfluss auf Wahrnehmungen und Einstellungen ihrer Kinder. Nur wenn die Eltern den Wert des Habens betonen, tun jüngere Kinder das auch.

Erst in der Pubertät ändert sich das dramatisch. Mit den körperlichen Veränderungen findet eine weitere Ablösung und Abgrenzung von den Eltern statt. Die Gruppe der Gleichaltrigen und etwas Älteren, seien es Freunde oder Bewunderte, die sogenannte Peergroup, wird jetzt immer wichtiger.

Da das Selbstbewusstsein Pubertierender aufgrund der gravierenden körperlichen und seelischen Veränderungen besonders instabil ist, sind sie besonders anfällig für materialistische Einstellungen und Verhaltensweisen. Teenager möchten hübsch, cool und begehrenswert sein, fühlen sich aber oft dick, pickelig, ungeschickt und schüchtern. Da bieten käufliche Äußerlichkeiten eine willkommene Krücke für das Selbstbewusstsein.

Ein Stück weit funktioniert das sogar. Wer Statusobjekte besitzt, kann unter den anderen Jugendlichen mithalten und wird in einem gewissen Maße respektiert. Ein Stück weit ist das auch völlig normal. Sicher erinnern Sie sich noch ein wenig an die eigene Pubertät und all die Verrenkungen, die Sie damals gemacht haben, um mithalten zu können. Aber sicher erinnern Sie sich auch, dass manche Teens zwar viel hatten, aber trotzdem nicht beliebt waren, dass andere schon damals einen eigenen Stil abseits des Angesagten pflegten und dafür sogar bewundert wurden und dass ein paar gar nichts mitmachten und Sie sie trotzdem mochten.

Das ist heute nicht anders. Hier sollten Sie ansetzen.

Was Sie gegen die Verwöhnfallen tun können

▶ Hinterfragen Sie Ihre eigene Einstellung zu Besitz und Konsum. Wenn Ihr eigenes Glück stark vom Geld abhängt und Sie zu Frustkäufen neigen, wenn es Ihnen nicht so gut geht, sind Sie Ihren Kindern dann das Vorbild, das Sie sein wollen?

▶ Beurteilen Sie andere nicht nach ihrem Besitz und Konsum – besonders nicht, wenn Ihr Kind es hören kann.

▶ Loben Sie Ihr Kind für sein Verhalten, wenn es sich freundlich, großzügig, hilfsbereit und mitfühlend zeigt.

▶ Basteln und backen Sie Geschenke für andere. Besprechen Sie beispielsweise bei Geburtstagseinladungen, was das einladende Kind wohl gerne mag und worüber es sich wahrscheinlich freuen wird. Ihr Kind darf ruhig erfahren, dass es eine gewisse Mühe macht, ein passendes Geschenk zu finden bzw. zu erstellen.

▶ Schenken Sie ihrem Kind nicht alles, was es möchte, aber nach Möglichkeit das, woran sein Herz wirklich hängt – selbst wenn es etwas ist, das Sie befremdlich finden. (Absolute Scheußlichkeiten, deren Anblick Sie moralisch oder ästhetisch absolut nicht ertragen können, müssen Sie natürlich nicht schenken – dann aber mit Ihrem Kind darüber sprechen, warum Sie sich diesem Wunsch verweigern.)

▶ Kaufen Sie Ihrem Kind ruhig auch mal etwas, das es nur haben will, weil es gerade angesagt ist. Wenn es feststellt, dass das gar nicht so toll ist und das Teil nach ein paar Wochen unbeachtet in der Ecke liegt, ist das ebenfalls eine lehrreiche Erfahrung.

▶ Lassen Sie sich aber nicht unter Druck setzen, alles Mögliche kaufen zu müssen, nur weil »man« das haben muss.

▶ Wählen Sie bewusst Freizeitaktivitäten aus, die wenig oder nichts kosten und trotzdem viel Spaß machen: Gehen Sie mit Ihrem Kind Rad fahren, auf den Walderlebnispfad und ins Freibad, spielen Sie Gesellschaftsspiele und grillen Sie Würstchen im Garten oder Hof. Auch Teenager haben noch Spaß an einer Fackelwanderung, einer Runde Minigolf oder am gemeinsamen Anmalen des Mülltonnenhäuschens.

▶ Stärken Sie das Selbstwertgefühl Ihres Kindes durch ehrliche Anerkennung für alles, bei dem es sich wirklich angestrengt und bemüht hat.

▶ Geben Sie ihm die Gelegenheit zu lernen, etwas zu leisten, Gemeinschaft mit anderen zu erleben und Anerkennung zu erwerben: Melden Sie es bei einem Sportverein an, lassen Sie es ein Musikinstrument lernen oder in einer Theatergruppe mitspielen. So wächst das Bewusstsein für eigene Fähigkeiten und die eigene Leistungsfähigkeit – und der Bedarf an Krücken fürs Selbstbewusstsein schrumpft.

▶ Leben Sie vor, dass es Wichtigeres als das Haben und Behalten gibt, indem Sie für gute Zwecke spenden, sich ehrenamtlich engagieren und sich Zeit für die Sorgen und Nöte anderer nehmen.

▶ Sprechen Sie mit Ihrem älteren Kind über die Rolle des Geldes und des Konsums. Erklären Sie, dass übertriebener Status-Konsum nicht cool, sondern dumm und manchmal sogar peinlich ist. Vermitteln Sie ihm Wissen über Geld, damit es dessen Rolle besser einschätzen kann (mehr dazu lesen Sie in Kapitel 6).

Konsumerziehung ist auch Medienerziehung

Schon Dreijährige kennen Markenlogos und wissen, dass das goldene M für McDonald's steht sowie der rote Schriftzug für Coca-Cola. Was Werbung ist, verstehen sie deswegen noch lange nicht. Für sie ist das, was zwischen den Kindersendungen über den Bildschirm flimmert oder zwischen den Comicgeschichten abgebildet ist, genauso wichtig wie das eigentliche Programm bzw. die Geschichte.

Erst mit sieben oder acht Jahren verstehen sie, dass Werbung gemacht wird, damit die Leute, die sie sehen, etwas kaufen. Deswegen können sie aber noch keineswegs die Mechanismen durchschauen, die dafür eingesetzt werden. Noch mit sechs Jahren dachte meine Tochter, die »Little Ponys«, die sie in der Fernsehwerbung gesehen hatte, würden tatsächlich sprechen und laufen können wie auf dem Bildschirm.

Beispiel

Als meine jüngere Tochter sieben Jahre alt war, bat sie mich eines Tages um eine Briefmarke. Ich fragte, wofür sie diese brauchte. »Ich will da so eine Karte abschicken«, sagte sie. Was für eine Karte? »Die war in meiner Pferdezeitschrift. Da muss ich nur die Karte hinschicken, dann bekomme ich drei Kisten mit lauter Geschenken.« Natürlich stellte sich beim Lesen des Kleingedruckten heraus, dass sie ein paar wesentliche Details übersehen hatte: Bei der Karte, die sie brav mit Namen und Anschrift versehen hatte, handelte es sich um die Anmeldung für einen Kinderclub. Der sah zwar tatsächlich die Zusendung irgendwelcher Geschenke vor, sollte aber auch 24 Euro im Jahr kosten. Das ist ziemlich viel Geld für ein paar minderwertige Plastikspielsachen.

Außerdem wusste ich, was sie nicht wissen konnte: Dass nämlich diese Clubs und die »Geschenke« vor allem der Adressgewinnung und Konsumerziehung dienen. Zum einen bekommen die Kinder unter den so gewonnenen Adressen immer neue Werbesendungen für immer neue Produkte. Zum anderen sollen die Kinder von früh auf an bestimmte Marken gewöhnt und zu treuen Käufern erzogen werden.

Nach einigen Erklärungen warfen wir die Karte einvernehmlich weg.

Teenager können zwar differenzierter unterscheiden, was Werbung ausmacht, wann sie ihnen gefällt und wann nicht. Aber auch sie reagieren auf eine für sie ansprechende Werbung erstaunlich oft mit der spontanen Frage »Krieg ich das?«

Praktisch alle Kinder sind empfänglich für Merchandising. Das ist das Zusatzgeschäft, das mit Film- und Fernsehfiguren gemacht wird. Dieses Zusatzgeschäft ist für die Filmgesellschaften das eigentliche Geschäft, mit dem sie richtig Geld verdienen. Und so besteht der Vierjährige auf dem Bob-der-Baumeister-Schlafanzug, will seine gleichaltrige Freundin unbedingt eine Prinzessin-Lillifee-Brotzeitdose, der Achtjährige ein Jedi-Gewand und die Elfjährige ein Hannah-Montana-Mäppchen. Vor, zwischen und nach den entsprechenden Sendungen wird im Fernsehen für diese Merchandisingprodukte Werbung gemacht – die auf fruchtbaren Boden fällt.

Kein Wunder, denn Kinder sind heute einer werblichen Dauerberieselung ausgesetzt. Kinder im Alter von sechs bis dreizehn Jahren sehen laut verschiedenen Studien durchschnittlich rund eineinhalb Stunden am Tag fern. Und zwar keineswegs nur auf dem werbefreien Kinderkanal. Auf das Jahr gerechnet sehen sie in ihrer Fernsehzeit leicht mehrere Tausend Werbespots. Zusätzlich zu denen, die sie im Radio hören, zu den Anzeigen in den Kinderzeitschriften und den Werbebannern im Internet. Es ist gar nicht möglich, sich der Werbung vollständig zu entziehen. Es gehört mit zur Konsum- und Gelderziehung, mit ihren Einflüssen umgehen zu lernen.

Was Sie tun können, um Ihr Kind medien- und werbekompetent zu machen

► Beschränken Sie die Mediennutzungszeit. Kindergartenkinder sollten höchstens 30 Minuten am Tag fernsehen, Schulkinder nicht länger als eine Stunde, und die bitte nicht jeden Tag. Sorgen Sie dafür, dass wenigstens ein oder zwei Tage in der Woche ganz fernsehfrei bleiben.

► Bei Teenagern sollten Sie die Mediennutzungszeiten verrechnen: Entweder eineinhalb Stunden fernsehen oder die Spielkonsole oder den PC nutzen (PC-Nutzungszeiten für schulische Zwecke ausgenommen), und auch das nicht jeden Tag.

► Sehen Sie mit jüngeren Kindern gemeinsam fern und auch mit den älteren wenigstens ab und zu. Dann wissen Sie, was Ihre Kinder mögen und warum, welche Inhalte und Botschaften in diesen Sendungen vermittelt werden und welche Werbespots in ihrem Umfeld laufen.

▶ Sprechen Sie mit Ihrem Kind über Werbung, ihren Zweck und ihre Funktionsweise. Erklären Sie, dass Werbung keine »echten« Informationen enthält, sondern den Verkauf ankurbeln soll und deswegen die beworbenen Produkte im allerschönsten und nicht unbedingt realistischen Licht zeigt.

▶ Lassen Sie sich von Ihrem Kind erklären, warum es bestimmte Medienfiguren so mag und welche Werbung ihm besonders gut gefällt und warum. Das gibt Ihnen Ansatzpunkte für weitere Erklärungen, nach dem Motto:»Ja, das Kind in diesem Spot ist ganz schön schlau, und die Eltern machen genau das, was es sagt. Was glaubst du, warum dieses Kind so gezeigt wird?«

Ihr Kind darf beim Konsum mitreden – aber die Entscheidung liegt bei Ihnen

Erziehung ist keine Einbahnstraße. Vielleicht hatten Sie schon den Verdacht, dass nicht nur Sie Ihr Kind, sondern auch Ihr Kind Sie erzieht. Den Verdacht habe ich auch. Ich zitiere beispielsweise die KidsVerbraucherAnalyse (mehr über diese Untersuchung lesen Sie im nächsten Abschnitt):

▶ »Die Kinder sind Mitentscheider im Haushalt, die schon früh über große Freiräume verfügen.

▶ Sie werden deshalb von den Eltern als Ansprechpartner bei Käufen ernst genommen.

▶ Marken spielen dabei insbesondere bei Kleidung, Schulsachen und dem Handy eine Rolle.«

Konkret: 61 Prozent der Kinder wünschen sich eine bestimmte Marke bei Sportschuhen, 57 Prozent der Kinder finden die Marke ihrer Taschen und Ranzen wichtig, 54 Prozent haben bestimmte Markenwünsche bei Jeans und Bekleidung. Die Eltern richten sich mehrheitlich nach diesen Wünschen: 57 Prozent kaufen bei Sportschuhen die gewünschte Marke, ebenfalls 57 Prozent bei den Schulsachen und 55 Prozent bei der Bekleidung. Ob das dieselben Eltern sind, die sich über den heutzutage grassierenden Markenwahn beschweren?

2008 wurde im Rahmen der KidsVerbraucheranalyse gefragt, wo sich die Eltern vor ihren Kaufentscheidungen informieren. Erstaunlicherweise taten sie das vorrangig bei ihrem Nachwuchs.

Dass drei Viertel der Eltern sich vorrangig bei ihrem Kind informieren, wenn sie ihm Kleidung oder Schuhe kaufen, finde ich legitim. Ich kaufe für meine Älteste auch keine Klamotten mehr, ohne sie mitzunehmen. Ich möchte mein Geld nämlich nicht für Kleidung oder Schuhe ausgeben, die sie dann nicht trägt, weil sie ihr nicht gefallen. Manchmal können wir uns nicht einigen, dann kaufe ich eben nichts. Was mich aber erstaunt ist, dass laut KidsVerbraucheranalyse 50 Prozent der Eltern selbst beim Lebensmitteleinkauf vorrangig ihr Kind um Rat fragen. So souverän (unumschränkt!) herrscht mein Nachwuchs nicht.

Natürlich weiß ich, wer welches Gemüse nicht leiden kann und wer welche Wurst am liebsten mag, und das berücksichtige ich beim Einkauf. Das war es dann aber auch schon in Sachen Kaufberatung durch den Nachwuchs. Auch meine Kinder würden sich am liebsten von Fruchtzwergen, Milchschnitten, Actimel und Süßigkeiten ernähren. Über solche Wünsche haben wir natürlich diskutiert, und zwar so oft, dass ihnen der mütterliche Standpunkt (»das ist teuer, es ist voller Farb-, Geschmacks- und Konservierungsstoffe, es ist viel zu süß und besteht außerdem zu einem großen Teil aus Verpackung, sprich: Müll«) hinreichend bekannt ist. Im Grunde akzeptieren sie diese Argumente sogar.

Kinder können die Folgen ungesunder Ernährung nicht abschätzen. Eltern schon. Deswegen sollten nicht die Kinder, sondern die Eltern bestimmen, was daheim auf den Tisch kommt.

Auch in anderen Konsumbereichen gilt: Ihr Kind kennt spätestens mit zehn Jahren die aktuelle Werbung vermutlich besser als Sie. Es weiß genau, welche Fernsehsendungen und welche Musikinterpreten gerade angesagt sind und welche peinlich. Es weiß, welche Marken von anderen bewundert und welche verachtet werden. Es will auch bewundert und angesagt sein, also will es diese Marken haben, die richtige Musik hören und die richtigen Sendungen sehen.

Das heißt aber nicht, dass Sie dem immer nachgeben müssen. Wenn Sie Anschaffungen für Ihr Kind machen, darf es natürlich seine Meinung dazu sagen und seine Wünsche äußern. Solange Sie bezahlen, entscheiden aber Sie. Es ist keine Missachtung oder Unterdrückung, wenn Sie nicht immer genau das kaufen, was Ihr Kind haben möchte.

Im Gegenteil: Manchmal tun Sie Ihrem Kind mit einem »Nein« den größeren Gefallen. Nämlich dann, wenn Sie erkennen, dass Ihr Kind sein Glück zu sehr von einem bestimmten Gegenstand oder einer bestimmten Marke abhängig macht. Unsere Kinder sollen schließlich Herren ihres Konsums sein, nicht seine Sklaven. Souverän eben.

Lassen Sie Ihr Kind eigene Erfahrungen mit Geld machen, aber begleiten Sie es dabei

Das erste Taschengeld wird oft eine Weile aufbewahrt und angestaunt, dann aber meist recht schnell ausgegeben. Mit der Zeit weiß Ihr Kind, was sein Lieblingskaugummi, eine Packung Tic-Tac oder ein Kinderheft kosten. Das Gefühl für viel oder wenig Geld, einen angemessenen oder einen überteuerten Preis, einen lohnenden, weil echten Genuss bringenden oder einen eigentlich sinnlosen Kauf, entwickelt sich aber nur langsam. Fehlkäufe und Enttäuschungen gehören einfach dazu und sollten von Ihnen als Lernchance betrachtet werden. Auch wenn es manchmal bitter ist.

Beispiel
Svetlana D.: In der vierten Klasse nahm meine Tochter an einem Schulausflug in den Zoo teil. Das Geld für den Eintritt hatte ich vorab bezahlt, man sollte aber den Kindern weiteres Geld für Getränke und eine kleine Brotzeit mitgeben. Dummerweise stellte ich erst, als ich schon mit meiner Tochter am Bus stand, fest, dass ich nur einen 50-Euro-Schein und 60 Cent Kleingeld im Geldbeutel hatte. Ich gab ihr also den 50-Euro-Schein mit, beschwor sie aber, davon nur etwas zu essen und zu trinken zu kaufen.

Als sie spät am Nachmittag heimkam, war meine Tochter sehr hungrig und hatte brennenden Durst. Sie war mit den anderen Kindern in den Laden im Zoo gegangen und hatte dort so niedliche Plüschtiere gesehen, dass sie sich eines gekauft hatte und für ihren kleinen Bruder gleich auch noch eines. An der Kasse stellte sie bestürzt fest, dass sie gerade 30 Euro ausgegeben hatte. Danach traute sie sich nicht mehr, auch noch Geld für Essen und Getränke auszugeben und hielt den ganzen Tag nur mit der Banane durch, die ich ihr eingepackt hatte.

Ich wusste nicht, ob ich lachen oder weinen sollte. 30 Euro für Plüschtiere! Für 30 Euro muss ich einen halben Tag arbeiten! Aber dann tat sie mir doch leid, weil sie so ein schlechtes Gewissen und den ganzen Tag gehungert hatte.

So können Sie Ihr Kind während der Grundschulzeit bei seinen Konsumerfahrungen begleiten:

▶ Setzen Sie Werte in Einheiten um, die Ihr Kind versteht: 70 Cent Taschengeld entsprechen beispielsweise einer Kugel Eis oder 14 Lutschern. Ein XY-Heft kostet so viel wie zwei Wochen Taschengeld. Oder auch: Für 30 Euro muss Mama einen halben Tag arbeiten. Das erleichtert die Orientierung.

▶ Helfen Sie bei den Berechnungen vor der Kasse mit:»Wenn du ein Päckchen Mamba kaufst, reicht das Geld auch noch für einmal Tic-Tac. Wenn du die Tafel Schokolade kaufst, bleibt nichts übrig.«

▶ Informieren Sie über Preisunterschiede:»Die XY-Bonbons kosten im Pausenverkauf in der Schule 20 Cent mehr als im Drogeriemarkt. Wenn du diese Bonbons unbedingt kaufen musst, dann wenigstens nicht im überteuerten Pausenverkauf.«

▶ Zeigen Sie Alternativen auf:»Das Heft brauchst du doch gar nicht zu kaufen. Deine Freundin Anna hat es im Abonnement, vielleicht darfst du es bei ihr ausleihen. Oder schau mal, ob es das nicht in der Leihbücherei gibt.«

▶ Ermuntern Sie zum Abwarten und Vergleichen:»Schau doch noch einmal herum, ob dir nicht etwas anderes besser gefällt.« Oder:»Wenn du noch eine Woche wartest und dein Taschengeld sparst, kannst du dir die größere Packung Playmobil kaufen.«

Wichtig: Achten Sie darauf, nur die Rolle des Beraters zu übernehmen. Entscheiden soll Ihr Kind zumindest bei den Taschengeldkäufen selbst. Die Folgen seiner Entscheidungen muss dann auch Ihr Kind tragen. Wobei Sie es mitfühlend begleiten können:»Ja, das ist schade, dass du dir dieses tolle Auto jetzt nicht kaufen kannst. Aber du hast gestern doch diese Sticker gekauft, weil du sie unbedingt haben wolltest.« Diesen Frust muss Ihr Kind aushalten. Genau daraus wird es lernen.

Das Anti-Markenwahn-Programm

Um es gleich vorwegzunehmen: Gegen Marken ist grundsätzlich gar nichts zu sagen. Im Grunde sind Marken sogar sehr nützliche Einrichtungen: Ein Markenprodukt ist eines, das bestimmte Qualitätseigenschaften hat, auf die Sie sich verlassen können. Sie wissen, wer der Hersteller ist, wo Sie das Produkt erwerben können, was es kosten darf und was Sie dafür bekommen. Der Kern einer Marke ist letztlich das Versprechen bzw. das Bewusstsein »da weiß man, was man hat.«

Da die Qualitätsstandards heute in vielen Bereichen sehr hoch sind und sich die Produkte auf dieser Ebene kaum noch unterscheiden, versuchen die Hersteller, ihre Marken zusätzlich mit nicht greifbaren Eigenschaften auszustatten. Ziel ist es, bei den Kunden bestimmte Gefühle auszulösen und die Marke mit einer »Persönlichkeit« zu versehen, mit der sich der Kunde identifizieren kann.

Wer einer Marke gefühlsmäßig verbunden ist, so das Kalkül, bevorzugt sie vor den Konkurrenzprodukten und ist sogar bereit, mehr Geld für sie auszugeben. Dieses Bestreben der Anbieter ist nachvollziehbar und völlig legitim. Als Verbraucher sollte man sich dessen aber bewusst sein.

Es ist ja nicht so, dass nur Kinder und Jugendliche Marken aus wenig rationalen Gründen lieben. Auch wir Erwachsenen haben unsere Vorlieben. Manche Kosmetika oder Putzmittel kaufen wir nur, weil schon unsere Mütter sie gekauft haben und wir sie eben kennen und schätzen. Wir halten die eine Automarke für spießig, die nächste für popelig und wieder eine andere für supertoll – obwohl die Fahrzeuge sich technisch kaum unterscheiden. Wir kaufen unpraktische Teekessel, nur weil ein italienischer Markenname darauf steht und Notebooks, weil sie so schick designt sind. Können wir da von unseren Kindern erwarten, dass sie sich immer mit No-Name-Produkten aus dem Verbrauchermarkt zufriedengeben?

Das müssen sie auch gar nicht. Die meisten Eltern können es sich leisten, bei bestimmten Anschaffungen teurere Marken zu kaufen. Bei Schulranzen beispielsweise ist das sinnvoll, weil das Ding über mehrere Jahre benutzt werden soll, ohne dem Kind die Wirbelsäule zu ruinieren oder den Inhalt beim ersten Regenguss durchweichen zu lassen. Markenschuhe sind eine gute Investition, weil Kinderfüße biegsam sind und in schlechtem Schuhwerk deformiert werden könnten. Markenbuntstifte oder Wasserfarben sind oft ergiebiger und haltbarer als Billigprodukte und deswegen unter dem Strich sogar preisgünstiger.

Bei Artikeln, bei denen die Marke einen objektiv wichtigen Unterschied macht, können und sollten Sie Marken kaufen, sofern das von Ihrem Budget her möglich ist. Wenn das Kind dann lieber Marke A statt B hat und beide etwa gleich gut sind und gleich viel kosten, dann kaufen Sie eben Marke A.

Anders sieht es bei den Anschaffungen aus, bei denen es nur ums Prestige geht. Turnschuhe für den Schulsport müssen keine drei Streifen aufweisen. Sie werden nur zwei Stunden in der Woche getragen und sind nach einem halben Jahr sowieso schon zu klein. Die Qualität einer Jeans hängt nicht von dem darauf genähten Logo ab, sondern von der Verarbeitung und der Passform. Und beim Handy ist wichtig, dass Ihr Kind Sie damit im Notfall anrufen kann und nicht, welche Spiele darauf laufen und wie groß das Display ist. Wer hier nur die »richtigen« Marken kauft, gibt objektiv unnötig viel Geld aus. Das brauchen Sie nicht zu tun.

Das wird Ihr Kind zumindest in einer bestimmten Phase natürlich anders sehen.

So können Sie dem Markenwahn Paroli bieten:

▶ Hinterfragen Sie Ihre eigenen Markenvorlieben: Wo sind sie durch objektiv vorhandene Produktvorteile gerechtfertigt? Wo kaufen Sie eine Marke nur, weil »man« sie haben muss? Und wo wären Sie mit einem No-Name-Produkt genauso glücklich? Sind Sie in Sachen Markenkonsum das Vorbild für Ihr Kind, das Sie sein möchten?

▶ Sprechen Sie mit Ihrem Kind über die echten und die eingebildeten Vorzüge bestimmter Marken. Zeigen Sie auf, wo es genauso gute, aber billigere Alternativen gibt.

▶ Kaufen Sie Ihrem Kind Markenprodukte, wenn es einen objektiven Produktvorteil gibt und wenn Sie sich den Mehrpreis leisten können.

▶ Kaufen Sie keine Markenprodukte für Ihr Kind, wenn Sie sie hässlich oder überteuert finden. Es ist Ihr Geld. Sie bestimmen, was davon gekauft wird.

▶ Geben Sie Ihrem Kind trotzdem die Chance, ein Markenprodukt zu erwerben, wenn sein Herz wirklich daran hängt: Es kann es sich zum Geburtstag wünschen (und dafür auf ein anderes Geschenk verzichten) oder den Mehrpreis aus seinem eigenen Ersparten bezahlen.

Ab etwa 14 oder 15 Jahren können Sie ausprobieren, wie Ihr Kind mit einem Kleiderbudget auskommt: Sie kalkulieren, was Ihr Kind pro Saison an neuer Kleidung benötigt und legen fest, wie viel es dafür ausgeben darf. Diese Summe legen Sie in einen Umschlag. Das ist das Kleidergeld. Ihr Kind kann davon so lange auf Ihre Kosten einkaufen, bis das Geld weg ist.

Dann kann es selbst entscheiden, ob es sich drei T-Shirts für fünf Euro oder lieber ein Marken-Shirt für fünfzehn Euro leistet. Kauft es nur teure Markenklamotten, reicht das Geld eben für weniger Einzelteile – das ist das Wesen einer Entscheidung: Wer sich für etwas entscheidet, verzichtet damit automatisch auf etwas anderes. So hat sich schon so mancher Markenwahn reguliert.

Wie viel Geld Kinder heute haben und was sie damit machen

Seit 16 Jahren lässt der Egmont Ehapa Verlag (der mit den Micky-Maus-Heften) die KidsVerbraucherAnalyse erstellen, um das Medien- und Konsumverhalten der Kinder im Alter von 6 bis 13 Jahren zu erforschen und zu dokumentieren. Das tut der Verlag natürlich nicht aus reinem wissenschaftlichen Erkenntnisdrang, sondern um für sich selbst und andere Werbungtreibende herauszufinden, wie viel Geld Kinder haben, was sie davon kaufen können und was sie kaufen wollen. Die Daten ergeben jedenfalls ein aktuelles und anschauliches Bild vom Konsumleben heutiger Kinder. Neben umfangreichen Informationen zur Medien- und Internetnutzung ergab die KidsVerbraucher-Analyse 2009 beispielsweise folgendes:

Kinder haben heute eine Menge Geld
Kinder bekommen Taschengeld und mehr oder weniger regelmäßige Geldgeschenke im Wert von insgesamt knapp 2,5 Milliarden Euro im Jahr. Allein an Geldgeschenken bekommt ein Kind 2009 durchschnittlich pro Jahr 170 Euro. Dazu kommen noch 3,6 Milliarden Euro, die auf den Sparkonten liegen. Auch wenn manche Kinder in relativer Armut aufwachsen: Wir haben heute die reichste Kindergeneration aller Zeiten. Genau das macht sie ja so attraktiv als Zielgruppe für all die Werbungtreibenden.

Im Durchschnitt hat ein Kind im Alter von 6 bis 13 Jahren jeden Monat 21,87 Euro in der Tasche, in der Altersgruppe 6 bis 9 sind es 13,75 Euro, mit 10 bis 13 sogar 29,88 Euro.

Erfreulich aus Elternsicht: Laut KidsVerbraucherAnalyse 2009 geben nur 16 Prozent der lieben Kleinen ihr Geld vollständig aus. Fast zwei Drittel sparen zumindest einen Teil ihres Geldes, 24 Prozent sparen sogar alles davon. Im Durchschnitt hat ein Kind heute ein Sparvermögen von 626 Euro auf der Bank.

Ein Mann, der sowohl Geld ausgibt, als auch Geld spart,
ist der zufriedenste Mann, denn er hat beide Vergnügen.
SAMUEL JOHNSON

Und das machen Kinder mit ihrem Geld
Wenig überraschend ist für Eltern die Verwendung des Taschengeldes: Die Top Fünf sind:

▶ Süßigkeiten (43 Prozent),
▶ Zeitschriften, Comics, Magazine (40 Prozent),
▶ Eis (34 Prozent),
▶ Getränke (27 Prozent)
▶ und Fast Food/Essen (24 Prozent).

Auf den nächsten fünf Rängen kommen Sticker und Sammelkarten, Spielzeug, Handy, Musik-CDs und Kino.

Handys gehören seit einigen Jahren zum Kinderdasein wohl dazu: 2,43 Millionen Kinder haben bereits ein eigenes Handy. Grundschulkinder weniger (16 Prozent), die 10- bis 13-Jährigen dafür mehrheitlich (69 Prozent). Die Jüngeren möchten aufholen: Auf der Liste der Anschaffungswünsche steht das eigene Handy ganz oben, 45 Prozent der 6- bis 9-Jährigen wünschen sich eines.

Die meisten Kinderhandys werden mit Prepaid-Verträgen gekauft (88 Prozent). Der Löwenanteil der Kinder muss die Handykosten ganz (19 Prozent) oder teilweise (41 Prozent) mit eigenem Geld finanzieren. 10,50 Euro gibt ein Kind durchschnittlich im Monat für sein Handy aus; die Eltern legen nochmals 13,10 Euro drauf, so dass sich die durchschnittlichen Handykosten pro Kind und Jahr auf stolze 283 Euro belaufen.

Auch sonst sind die Kids üppig mit elektronischem Gerät ausgestattet: Bereits 2008 besaßen 40 Prozent eine eigene Stereoanlage, 35 Prozent einen MP3-Player und 33 Prozent sogar einen eigenen Fernseher im Kinderzimmer. Nicht zu vergessen: Wir reden hier von den 6- bis 13-Jährigen!

2009 wurde auch nach Konsolen und Handspielgeräten (wie dem Nintendo DS) gefragt: 59 Prozent der Sechs- bis Neunjährigen haben ein Handspielgerät oder eine Konsole, bei den Zehn- bis 13-jährigen sind es sogar 76 Prozent. Immerhin 16 Prozent der Kinder besitzen bereits einen eigenen PC, weitere 50 Prozent dürfen zuhause einen mitbenutzen.

So ist die Rechtslage: Was dürfen Kinder überhaupt mit ihrem Geld machen?

Taschengeld ist Geld zur freien Verfügung. Aber wie frei ist Ihr Kind denn tatsächlich, wenn es ans Geldausgeben geht? Mit dieser Frage ziele ich nicht nur auf Ihre pädagogische Einflussnahme ab, sondern auch auf das, was der Gesetzgeber zur kindlichen Konsumfreiheit sagt. Nicht ohne Grund geht er nämlich davon aus, dass Kinder beim Waren- und Dienstleistungstausch schutzbedürftig sind und nicht wie erwachsene Marktteilnehmer behandelt werden dürfen.

Trotzdem sollten Sie als Eltern sich nicht auf den gesetzlichen Schutz verlassen, sondern genau überwachen, was Ihre Kinder in Sachen Geld so tun. Das zeigen beispielsweise die Erfahrungen der Verbraucherzentralen:

Im Gespräch

Interview mit *Markus Saller*, Leiter der Rechtsabteilung bei der Verbraucherzentrale Bayern.

Sind Geschäfte, die Kinder und Jugendliche tätigen, denn ein Thema in Ihren Beratungen?
Ja, natürlich, denn Kinder haben heute sehr viel Geld und geben es auch aus. Interessant ist hier die Altersgruppe der Sieben- bis Achtzehnjährigen, denn Kinder unter sieben sind noch nicht geschäftsfähig, können also keine Rechtsgeschäfte tätigen. Ab sieben sind von ihnen geschlossene Verträge »schwebend unwirksam«, das heißt, sie gelten erst, wenn die Eltern zugestimmt haben.

Dann ist es ja ganz einfach: Wenn mein Kind zu viel mit dem Handy telefoniert, muss ich nicht zahlen, wenn ich nicht einverstanden bin?
Nein, das ist ein Trugschluss. Handyverträge werden ja nicht vom Kind abgeschlossen, sondern von den Eltern. Die Eltern sind Vertragspartner und müssen die aufgelaufenen Gebühren auch zahlen. Die Rechtspre-

chung ist hier ganz streng, und für die Telefonanbieter wäre es praktisch ohnehin unmöglich, zu überprüfen, ob es nicht der Vertragspartner, sondern sein minderjähriges Kind war, das da so viel telefoniert hat.

Was sind denn abgesehen vom Handy die typischen Problemfelder, wegen denen Kinder und Jugendliche bzw. deren Eltern zu Ihnen kommen?
Das zweite große Thema ist das Internet, beispielsweise mit den verdeckten Abofallen, das dritte das ganz normale Kaufvertragsrecht: Wenn Jugendliche etwa auf eine Anschaffung gespart haben, sich diese leisten und es dann zu Problemen wegen Sachmängeln, Garantieleistungen oder Nichtlieferung kommt.

Was sollen Eltern tun, wenn sie feststellen, dass ihr Kind im Internet ein teures Abo für zwei Jahre abgeschlossen hat?
Wenn die Eltern nicht zustimmen, können sie die Zahlung verweigern. Sie brauchen dazu weiter nicht viel zu tun und auch keinen Anwalt einzuschalten, denn die unseriösen Anbieter, die hinter diesen Abofallen stecken, gehen aus guten Gründen bislang nicht vor Gericht.

Was können Eltern vorbeugend tun, um Ärger mit Rechtsgeschäften ihrer Kinder zu vermeiden?
Wichtig scheint mir vor allem zu sein, die Nutzung des Internets zu überwachen und regelmäßig zu schauen, was die Kinder da so tun und welche Websites sie besuchen. Achten Sie besonders auf die Nutzung von Tauschbörsen, denn da gibt es schnell schlimme Rechtsverletzungen, die sehr teure Folgen für die Familie haben können. Auch die Handynutzung sollte kontrolliert werden. Prepaid-Verträge schützen nur bedingt, denn viele Jugendliche pumpen sich Geld bei Freunden und im Bekanntenkreis, wenn sie ihr Guthaben wieder aufladen wollen. So haben viele als Minderjährige schon die ersten Schulden.

Welche Rolle spielen Kinder heute als Verbraucher?
In den letzten Jahren hat sich gezeigt, dass Kinder viele Kaufentscheidungen ihrer Eltern sehr stark beeinflussen. Oft bestimmen letztlich die

Kinder, wohin man in Urlaub fährt und welches Auto gekauft wird. Dabei muss man aber sehen, dass Kinder extrem manipulierbar sind durch Werbung und Merchandising.

Ich sehe das bei meiner eigenen 11-jährigen Tochter: Wenn sie Hannah Montana anschaut, wird in den Werbeunterbrechungen gezielt für Teenieprodukte geworben, und es gibt viele Dinge, auf die sie anspringt und sagt »das will ich haben«. Nirgends wirkt Werbung so gut wie bei Jugendlichen. Oft kaufen sie die Markenprodukte nicht selbst, sondern bringen ihre Eltern, Großeltern und Paten dazu, das zu tun. Da müssen Eltern schon überlegen, ob sie das wirklich wollen.

Rechtsfähigkeit, Geschäftsfähigkeit & Co. – Was heißt das konkret?

Sobald ein Kind geboren wird, gilt es vor dem Gesetz als rechtsfähig. Geschäftsfähig ist es aber noch nicht.

»Rechtsfähig« heißt: Es hat alle Rechte, die einem Menschen zustehen und darf Nutznießer von Rechtsgeschäften sein, die ihm ausschließlich rechtliche Vorteile bringen. Ein Baby oder Kleinkind kann also eine Schenkung annehmen oder ein Erbe antreten. Es kann aber noch nicht – auch nicht, wenn die Eltern das Praktische für es abwickeln – ein Haus kaufen oder in Aktien investieren. Das geht erst, wenn das Kind »geschäftsfähig« wird.

»Geschäftsfähig« heißt: Man darf allgemein zulässige Rechtsgeschäfte selbstständig tätigen, also etwa einen Kredit-, Kauf- oder Mietvertrag schließen. Grundsätzlich gilt: Kinder unter sieben Jahren sind nicht geschäftsfähig, können also keine Rechtsgeschäfte tätigen, nichts kaufen, bestellen, mieten oder in Auftrag geben.

Bis sieben Jahre können Kinder übrigens auch nicht haftbar gemacht werden, wenn sie einen Schaden angerichtet haben. Sie gelten als »nicht deliktfähig«.

Beispiel

Sie gehen mit Ihrem Vierjährigen spazieren. Als er einen Hund entgegenkommen sieht, reißt er sich plötzlich von Ihrer Hand los, um auf den Hund zuzurennen und ihn zu streicheln. Dabei läuft er auf den Fahrradweg. Ein Radfahrer muss scharf bremsen, stürzt und bricht sich das Schlüsselbein. Das hat für Sie und Ihr Kind keine rechtlichen oder finanziellen Folgen, denn Ihr Kind ist noch zu klein, um die Folgen seines Handelns einschätzen zu können.

Ab dem siebten Geburtstag gelten Kinder je nach ihrem individuellen Reifegrad und ihrer Einsichtsfähigkeit als »bedingt deliktfähig« (bei von ihnen verschuldeten Verkehrsunfällen sind sie das sogar erst ab zehn Jahren).

So wird man von einer Achtjährigen in der Regel nicht erwarten können, dass sie versteht, was sie anrichtet, wenn sie vom Anschluss eines Freundes aus teure 0190er-Nummern anruft, um irgendwelche Botschaften ihrer Lieblings-Fernsehstars anzuhören. Dass man aber im Supermarkt nichts mitgehen lassen und mit dem Schlüssel keine Autotüren zerkratzen darf, wissen die meisten Kinder in diesem Alter durchaus. Dann können sie für den entstandenen Schaden haftbar gemacht werden.

Faktisch heißt das natürlich, dass Sie als Eltern dafür geradestehen müssen. Das ist mit ein Grund, warum Sie unbedingt eine private Familien-Haftpflichtversicherung abschließen sollten.

Beispiel

Ihre 14-jährige Tochter meldet sich ohne Ihr Wissen bei einer Internettauschbörse an, um dort Musikstücke einzustellen und herunterzuladen. Diese Anmeldung ist zwar unwirksam, wenn Sie damit nicht einverstanden sind. Aber Ihre Tochter hat mit dem Anbieten ihrer Musikdateien gegen das Urheberrecht verstoßen.

Viele Musikverlage wehren sich gegen diese illegalen Tauschpraktiken, indem sie Rechtsanwälte beauftragen, die den Teilnehmern Abmahnungen, Schadenersatzforderungen und/oder die Forderung nach einer strafbewehrten Unterlassungserklärung ins Haus schicken. Die

Schadenersatzforderungen können je nach dem Umfang der Uploads ganz schön happig sein und mehrere 1.000 Euro betragen.

Am Ende müssen meist Sie als Eltern zahlen, auch wenn Sie von der Tauscherei gar nichts wussten. Die Gerichte fordern nämlich, dass Sie genau kontrollieren, was Ihr Kind im Internet so treibt.

Im Alter von 7 bis 18 Jahren sind Kinder und Jugendliche »beschränkt geschäftsfähig«. Das heißt, dass von ihnen geschlossene Rechtsgeschäfte nur dann wirksam sind, wenn Sie als Erziehungsberechtigter damit einverstanden sind. Kauft Ihr Kind etwas, ohne dass Sie damit einverstanden sind beziehungsweise ohne dass Sie überhaupt davon wissen, ist das Geschäft »schwebend unwirksam«. Das bedeutet: Wenn Sie nachträglich, und zwar binnen 14 Tagen, gegenüber dem Verkäufer Ihr Einverständnis erklären, ist der Vertrag gültig. Wenn Sie dem Verkäufer mitteilen, dass Sie nicht einverstanden waren und sind, ist der Vertrag ungültig und Sie beziehungesweise Ihr Kind bekommen das Geld zurück.

Die Regeln sind also ebenso eindeutig wie strikt. Die einzige Ausnahme sind kleinere Einkäufe, die Ihr Kind mit seinem ihm dafür eigens überlassenen Geld tätigt. Da dieses normalerweise das Taschengeld ist, spricht man hier auch vom »Taschengeldparagraphen«. Eigentlich heißt der fragliche Paragraph 110 des Bürgerlichen Gesetzbuches (BGB) aber ganz anders:

§ 110 BGB Bewirken der Leistung mit eigenen Mitteln
Ein von dem Minderjährigen ohne Zustimmung des gesetzlichen Vertreters geschlossener Vertrag gilt als von Anfang an wirksam, wenn der Minderjährige die vertragsmäßige Leistung mit Mitteln bewirkt, die ihm zu diesem Zweck oder zu freier Verfügung von dem Vertreter oder mit dessen Zustimmung von einem Dritten überlassen worden sind.

Das Verkaufspersonal seriöser Geschäfte kennt diese Rechtslage selbstverständlich und hält sich auch daran. So wird ein Fünfjähriger ohne Weiteres an der Supermarktkasse ein Päckchen Kaugummi für 50 Cent erwerben können. Steht er dort mit einer Schachtel Lego für 50 Euro, wird die Kassiererin ihn dagegen vorsichtshalber bitten, er möge doch seine Mama oder seinen Papa holen, damit die bestätigen, dass der Einkauf in Ordnung ist. Das liegt auch im

Interesse der Geschäfte, denn wer hier nachlässig kontrolliert, muss früher oder später damit rechnen, gebrauchte Ware abschreiben zu müssen.

Beispiel

Elke N.: Meine Söhne sind jetzt 13 und 15. Als der Ältere 9 oder 10 Jahre alt war, wollte er unbedingt einen Gameboy haben. Wir waren dagegen. Als er sagte, er würde dafür das Geld aus dem Sparschwein nehmen, verboten wir ihm dies ausdrücklich. Er ging aber trotzdem heimlich los und kaufte sich bei einem Drogeriemarkt einen Gameboy für rund 90 Euro. Ich habe das erst gar nicht gemerkt, fand aber dann nach etwa einer Woche beim Aufräumen die aufgerissene Umverpackung und schließlich auch das Gerät, das er ganz unten im Schrank versteckt hatte.

Erstmal gab es ein ziemliches Donnerwetter, dann schickten wir unseren Sohn los, er solle das Gerät zurückgeben. Er kam heulend wieder und sagte, der Händler habe sich geweigert, es zurückzunehmen, weil die Verpackung kaputt und der Gameboy ja inzwischen gebraucht war.

Daraufhin habe ich den Geschäftsführer angerufen und im Wesentlichen nur zwei Stichworte gesagt: »Taschengeldgeschäft« und »eingeschränkte Geschäftsfähigkeit des Käufers«. Als unser Sohn zum zweiten Mal im Laden erschien, um das Gerät zurückzugeben, wurde es anstandslos zurückgenommen und er bekam das Geld ausgezahlt. Denen war völlig klar, dass der Verkauf nicht rechtmäßig gewesen war.

Wir haben unseren Sohn übrigens extra allein, also ohne Begleitung losgeschickt, weil wir fanden, wenn er den Gameboy heimlich ohne uns gekauft hatte, sollte er die Rückgabe auch ohne uns abwickeln. Ich glaube, das war ganz heilsam für ihn, wir hatten jedenfalls nie mehr ähnliche Probleme.

Die Regeln zur Geschäftsfähigkeit gelten nicht nur fürs Geldausgeben, sondern auch für das Geldanlegen: Ihr Kind kann alleine kein Konto und kein Sparbuch beantragen. Es braucht dazu Ihre Einwilligung und Unterschrift. Ein Minderjähriger kann auch keinen Kredit aufnehmen. Alle Konten für ihn werden ausschließlich auf Guthabenbasis geführt.

Sie als Eltern können aber Geldgeschäfte im Namen Ihres Kindes tätigen, etwa mit Geldgeschenken von Verwandten für es Fondsanteile oder einen Bundesschatzbrief kaufen. Verboten sind nur sogenannte In-sich-Geschäfte, bei denen beispielsweise Sie als Vater bei Ihrem Kind, das Geld von der Uroma geerbt hat, einen Kredit aufnehmen. Solch ein Rechtsgeschäft wäre nur mit Zustimmung des Familiengerichts zulässig.

Nicht zu verwechseln mit der Geschäftsfähigkeit ist übrigens die Strafmündigkeit. Die ist mit 14 zumindest bedingt erreicht. Wird Ihr Kind wiederholt bei Ladendiebstählen ertappt oder dabei, wie es Klassenkameraden Geld stiehlt, kann es nach seinem 14. Geburtstag nach dem Jugendstrafrecht dafür verurteilt werden.

Alter des Kindes	rechtlicher Status	Folge
0 bis 6 Jahre	rechtsfähig, aber nicht geschäftsfähig	eigene Rechtsgeschäfte nur im Rahmen des »Taschengeldparagraphen«
7 bis 18 Jahre	beschränkt geschäftsfähig	eigene Rechtsgeschäfte im Rahmen des »Taschengeldparagraphen«; andere Rechtsgeschäfte sind schwebend unwirksam, gelten also erst nach Zustimmung der Eltern
	bedingt deliktsfähig	je nach Einsichtsfähigkeit haftbar für fahrlässig angerichtete Schäden
ab 10 Jahren	bedingt deliktsfähig bei selbst verursachten Verkehrsunfällen	je nach Einsichtsfähigkeit haftbar für angerichtete Schäden
ab 14 Jahren	bedingt strafmündig	nach dem Jugendstrafrecht zu behandeln
ab 18 Jahren	voll geschäftsfähig	eigene Rechtsgeschäfte sind mit allen zulässigen Rechten und Pflichten voll wirksam
	je nach Reifegrad noch bis 21 bedingt strafmündig	nach dem Jugendstrafrecht zu behandeln

5

Wie Kinder den Zusammenhang zwischen Leistung und Geld erfahren

Arbeit ist der Umweg zu allen Genüssen.
WILLY BRANDT

So wichtig das Taschengeld im Rahmen der Gelderziehung ist, wie Sie im dritten Kapitel gelesen haben – es ist leider ein nicht gerade realitätsnahes »Einkommen«. Taschengeld ist Geld, das einem tatsächlich einfach zufliegt, nur weil Montag oder der Monatserste ist. Der nächste Schritt in der Gelderziehung besteht daher darin, den Kindern zu verdeutlichen, dass Taschengeld und andere Geldgeschenke zwar im Kinderdasein üblich sind, aber eben nur da. Im »richtigen Leben« gibt es Geld nicht einfach so.

Geld ist ein Tauschmittel. Das heißt: Man kann es grundsätzlich nur bekommen, wenn man dafür etwas hergibt. Geld wächst nicht auf Bäumen und fällt einem nicht irgendwie zu, sondern man muss es durch eine Gegenleistung erwerben. Durch den Einsatz von Zeit zum Beispiel, von Anstrengung und Ideen oder indem man sich von Dingen trennt. Geld steht für durch Leistung geschaffenen Wert. Das zu erkennen ist ein weiteres wesentliches Erziehungsziel.

Ihr Kind sieht natürlich, dass Sie arbeiten gehen, um Geld zu verdienen. Aber was Sie dort tun, bleibt ihm lange fremd. Meine älteste Tochter meinte noch im Alter von sechs Jahren als Antwort auf die Frage, was die Mama in ihrem Büro mache: »Ach, die sitzt vor ihrem Computer und schaut sich die Insel an.« Ich hatte damals eine Südseeinsel als Bildschirmhintergrund eingestellt.

Selbst wenn Ihr Kind älter ist und weiß »der Papa repariert Autos« oder »die Mama schneidet den Leuten die Haare« können sie sich nicht wirklich vorstellen, was es heißt, Geld zu verdienen.

Diese Vorstellung können Sie aber durchaus konkretisieren. Zum einen, indem Sie Ihr Kind mit zur Arbeit nehmen und ihm dort zeigen und erklären, was Sie machen. Das geht natürlich in einem praktischen Beruf besser und einprägsamer als mit einem Schreibtischjob. Zum anderen, indem Sie Ihrem Kind die Erfahrung ermöglichen, selbst Geld zu verdienen. Das wird zunächst in einem sehr kleinen Rahmen, etwa in Ihrem Haushalt oder bei den Nachbarn stattfinden. Je älter Ihr Kind wird, desto eher sollten Sie aber darauf dringen, dass es sich einen Nebenjob außer Haus sucht. Die Erfahrungen, die es dort macht, werden ihm von unschätzbarem Wert sein.

Ich kann mich noch genau an meinen ersten »richtigen« Nebenjob erinnern: Mit 16 jobbte ich in den großen Ferien in einer Wäscherei 6 Stunden am Tag an einer Heißmangel. Das war eine schlecht bezahlte, anstrengende und sehr monotone Arbeit in einer heißen und lauten Umgebung, die in mir die Überzeugung reifen ließ, es sei doch besser, Abitur zu machen und zu studieren, als ein Berufsleben lang eine so harte Arbeit für so wenig Geld zu machen ...

Leistungsorientierung war damals, in den frühen 80er-Jahren und zur Zeit der »Null Bock«- und »No Future«-Parolen, nichts Selbstverständliches für Jugendliche. Das ist heute – aus Sicht der Eltern erfreulicherweise – anders.

So wird in der Jugendstudie 2009 des Bundesverbandes deutscher Banken mit leicht erstauntem Unterton festgestellt: »Leistungsorientierung, Selbstverwirklichung und nach Sicherheit streben – das sind Ziele, die in der Wertehierarchie der Jugend von heute einen hohen Stellenwert einnehmen. Jeweils mindestens die Hälfte der Jugendlichen und jungen Erwachsenen hält diese Lebensziele für ›sehr wichtig‹. Durchaus überraschend: ›Im Leben etwas leisten‹ wird von den jungen Befragten sogar noch häufiger als ›sehr wichtig‹ (57 Prozent) angesehen als von den Erwachsenen insgesamt (45 Prozent).«[9]

Wir wollen sicher keine kleinen Malocher großziehen, die von früh bis spät irgendwelchen Jobs nachgehen und andauernd nur ans Geldverdienen und ihre spätere Karriere denken. Wir wollen unseren Kindern auch nicht ihre unbeschwerte Kindheit vermiesen, indem wir ihnen eine Leistungsaufgabe nach der anderen stellen und sie an die Arbeit schicken, sobald sie angefangen haben zu spielen oder »abzuhängen«.

Aber jedes Kind muss früher oder später lernen, dass Geld verdient werden muss. Es sollte früh Gelegenheit haben, seine Fähigkeiten auszuprobieren und zu erfahren, dass es mit seiner Leistung genauso Geld verdienen kann wie die Erwachsenen. Auf sein selbst verdientes Geld wird Ihr Kind sehr stolz sein,

---

9) Jugendstudie 2009 des Bundesverbandes deutscher Banken, S. 7

und das zu Recht. Es wird auf jeden Fall sorgsamer damit umgehen als mit dem geschenkten Geld. Wahrscheinlich wird es irgendwann feststellen, dass das Geldverdienen sogar richtig Spaß machen kann – wie es uns Erwachsenen ja auch geht, wenn wir einen Beruf gefunden haben, der unseren Neigungen und Fähigkeiten entspricht.

Mit welchen Leistungen Ihr Kind erstes eigenes Geld »verdienen« kann

Erste Kleinstverdienste können Sie einführen, sobald Ihr Kind imstande ist, den Zusammenhang zwischen Geld und Leistung zu begreifen, also in etwa ab dem Grundschulalter. Es gibt in diesem Alter bereits mehrere Arten von Leistung, die Sie oder andere Personen honorieren können:

Geld für Mithilfe im Haushalt

Eine Familie ist meiner Meinung nach eine Haushalts- und Lebensgemeinschaft, zu deren Funktionieren alle Mitglieder gemäß ihren Kräften beitragen (müssen). Auch die Kinder. Kinder müssen und dürfen heute glücklicherweise zumindest in Europa nicht mehr in Fabriken und Bergwerke zum Arbeiten geschickt werden, aber Mithilfe in Haus und Hof sollte von klein auf selbstverständlich sein. Natürlich in einem altersgemäßen Rahmen.

Schon ein Dreijähriger kann den Besteckkorb der Spülmaschine allein ausräumen, den Briefkasten leeren, dem Hund frisches Wasser bringen und beim Blumengießen helfen. Sie müssen als Eltern zwar Zeit und Geduld mitbringen sowie eine gewisse Toleranz, was die »Arbeitsergebnisse« angeht, aber diese Erziehungsinvestition lohnt sich. Kleinere Kinder helfen nämlich mit Begeisterung im Haushalt mit, sind unbändig stolz auf ihre Arbeit und lernen nebenher tatsächlich, wie man es richtig macht.

Grundschulkinder helfen wahrscheinlich mit deutlich weniger Begeisterung, können aber schon viel mehr, wenn Sie es konsequent von ihnen verlangen: Sie räumen ihr Zimmer alleine auf, machen ihr Bett, ziehen es ab und beziehen es wieder, decken den Tisch und räumen wieder ab, machen die Socken beim Wäscheabnehmen zusammen und erledigen kleine Besorgungen, etwa beim Bäcker, selbstständig. Meiner Erfahrung nach sind auch sie stolz auf ihre Leistungen im Haushalt, obwohl es vorab mehr elterlichen Anschub braucht, um sie in Bewegung zu setzen.

Jugendliche putzen ihr Zimmer selbst, bügeln ihre Wäsche und nach Bedarf auch die anderer Familienmitglieder, kochen einfache Mahlzeiten, erledigen Einkäufe und Besorgungen und passen auch mal auf die kleinen Geschwister auf. Wer viel für die Schule tun muss, übernimmt eben mehr Arbeiten am Wochenende – auch wenn die Eltern das mitunter mit sehr viel Nachdruck einfordern müssen.

Wenn Sie in einer der üblichen »Warum immer ich?«-Auseinandersetzungen ein Argument suchen, können Sie sogar auf den Gesetzgeber verweisen, der Kinder von Rechts wegen zur Mithilfe im Haushalt verpflichtet. Konkret schreibt nämlich das Bürgerliche Gesetzbuch (BGB) vor:

> *§ 1619 Dienstleistungen in Haus und Geschäft*
> *Das Kind ist, solange es dem elterlichen Hausstand angehört und von den Eltern erzogen oder unterhalten wird, verpflichtet, in einer seinen Kräften und seiner Lebensstellung entsprechenden Weise den Eltern in ihrem Hauswesen und Geschäft Dienste zu leisten.*

Für uns Eltern ist das ausschlaggebendere Argument aber sicher, dass wir keine kleinen Paschas und Prinzessinnen erziehen wollen, die sich im »Hotel Mama« von hinten und vorne bedienen lassen. Von der Familie profitieren alle, also helfen auch alle mit. So einfach ist das.

Ein gewisses Maß an Mithilfe im Haushalt sollte also jedes gesunde Kind ohne weitere Belohnung leisten. Neben den ganz normalen Haushaltspflichtaufgaben können Sie aber durchaus größere Zusatzaufgaben festlegen, durch deren freiwillige Erledigung sich Ihr Kind ein Zubrot zu seinem Taschengeld verdienen kann. Diese größeren Arbeiten müssten Sie sonst selbst erledigen oder einen Dienstleister damit beauftragen. Sie sparen also Zeit und Mühe oder Geld, wenn Ihre Kinder das übernehmen. Das ist Ihnen doch ein kleines Entgelt wert?

Beispiel

Angela R.: Mein Sohn ist 9 Jahre alt und bekommt 2 Euro Taschengeld in der Woche. Er kann sich zusätzlich Geld verdienen, wenn er mein Auto innen putzt und staubsaugt oder wenn er mir beim Laubrechen hilft. Für eine halbe Stunde Laubrechen gibt es wahlweise 2 Euro oder 30 Minuten Nintendo-Spielzeit extra. Fürs Autoputzen braucht er mit vielen Pausen oft einen ganzen Nachmittag, macht es aber im Ergebnis sehr gut. Dafür bekommt er 4 Euro.

Mögliche Bezahlarbeiten im Haushalt für Grundschulkinder sind etwa: Leergut zum Container bringen, Treppenhaus putzen, Unkraut jäten, Garage kehren, Auto innen putzen.

Einmal der Grundschule entwachsen, können Teenager auch den Rasen mähen, Schnee wegräumen, die Garage und/oder den Hof kehren, Papas Hemden bügeln.

Ich kenne eine Familie, in der es eine Liste mit Arbeiten gibt, für die ein fester Tarif gilt. Jedes Kind kann wöchentlich eintragen, welche Arbeit es übernehmen will. Besonders unbeliebte Arbeiten (Kloputzen!) sind dabei am besten bezahlt.

In einer anderen Familie gibt es ein indirektes Bezahlungssystem: Für bestimmte Arbeiten gibt es Lachgesichter (Smileys) an einer Pinnwand, für bestimmte Versäumnisse Weingesichter, die erst abgearbeitet werden müssen. Die Kinder können Lachgesichter für bestimmte Dinge oder Leistungen eintauschen.

Ich persönlich lobe möglichen Arbeitslohn eher spontan aus, wenn bestimmte Arbeiten gerade anstehen: 2 Euro für einmal das Hochbeet abjäten beispielsweise oder 50 Cent für einen Fahrradkurier zur 3 Kilometer entfernten Post.

Geld für Noten

Gute Leistungen in der Schule sind eine wichtige Voraussetzung dafür, später einmal einen Ausbildungs- oder Studienplatz zu bekommen und einen interessanten und einigermaßen sicheren wie gut bezahlten Job zu finden. Deshalb sind wir Eltern ja so hinter den Hausaufgaben und dem Lernen her und machen uns Sorgen, wenn das Kind schlechte Noten nachhause bringt. Und wohl auch deshalb gibt es in sehr vielen Familien Geld für Noten.

Ich gebe zu, dass ich dem etwas zwiespältig gegenüberstehe: Einerseits sage auch ich meinen Kindern, dass sie doch nicht für mich oder für Geld, sondern für sich selbst lernen. Eine gute Note ist an sich Belohnung genug, die Kinder sind ja auch zu Recht stolz auf eine Eins oder Zwei. Auch Psychologen und Pädagogen äußern die Befürchtung, ein Kind würde auf diese Art nur das »Gratifikationslernen« lernen, sich also nur anstrengen, wenn es eine externe Belohnung dafür gibt und nicht aus innerer Motivation heraus.

Andererseits ist das »für sich selbst lernen« doch ein recht abstraktes Konzept, und der später vielleicht zu findende gute Beruf liegt noch in so weiter Ferne, dass die jetzt gerade äußerst lernfaule 13-Jährige damit nicht wirklich zu motivieren ist. In einem Motivationsloch kann der für eine Zwei ausgesetzte Fünf-Euro-Schein möglicherweise doch einen Lernschub erzeugen.

Beispiel
Sieglinde A.: Unser Sohn ist elf und hatte Anfang der fünften Klasse ein ganz übles Motivationsloch. Er verträumte den Vormittag in der Schule, machte seine Hausaufgaben schlampig und lernte freiwillig gar nichts. Nach mehreren Fünfen und Sechsen in Schulaufgaben und Stegreifarbeiten und einem Halbjahreszeugnis, das seine Versetzung gefährdete, handelten wir mit ihm aus:

Für jede schriftliche Zwei sollte er zwei Euro bekommen, für jede Eins sogar fünf Euro, und zwar bis Schuljahresende. Da er unbedingt ein neues Computerspiel haben wollte, von dem wir klar gemacht hatten, dass wir es keinesfalls kaufen würden, willigte er ein. Binnen drei Monaten hatte er das Geld – immerhin 50 Euro – beisammen. Inzwischen findet er das Lernen nicht mehr so schlimm und freut sich selbst über seine guten Noten. Das Jahreszeugnis wird recht ordentlich ausfallen, und wir hoffen, dass seine Leistungen so gut bleiben.

Geld für Noten kann also durchaus sinnvoll sein, wenn es eine vorübergehende Leistungsunlust ausgleichen soll. Oder auch wenn außergewöhnliche Leistungen damit außergewöhnlich gewürdigt werden sollen. Das muss übrigens nicht nur für eine Eins gelten. Wenn ein Mathe-schwaches Kind dank eifrigen Lernens und Übens doch eine Drei im Zeugnis bekommt, kann auch das durch ein Geldgeschenk zusätzlich belohnt werden.

Geld sollte aber nicht die einzige Belohnung für gute Noten oder, noch wichtiger, für Lernbereitschaft und -anstrengung sein. Jedes Kind freut sich selbst zuerst über eine gute Note und dann ein zweites Mal, wenn es von Ihnen dafür gelobt wird. Und falls die Note nicht so gut war: Die Mühe, die Ihr Kind fürs Lernen aufgebracht hat, sollten Sie auf jeden Fall ausdrücklich anerkennen und würdigen. Das muss nicht in Form eines Geldgeschenks sein. Vielleicht gehen Sie zur Feier des Zeugnisses gemeinsam ein Eis essen oder ins Kino. Und für die Zwei in Deutsch gibt es eine besonders große Tüte Popcorn ...

Geld für andere »Arbeiten«

Neben Hausarbeit und Noten gibt es weitere Leistungen, mit denen Ihr Kind – wenigstens indirekt – schon im Grundschulalter außerhalb der Familie Geld »verdienen« kann.

Beispiel

Meine älteste Tochter meldete sich nach ihrer Erstkommunion bei den Ministranten in unserer Pfarrei an. Sie ging jede Woche in die »Mini-Stunde«, lernte dort den liturgischen Ablauf der Gottesdienste und die Rolle der Ministranten dabei und durfte ab der Vorweihnachtszeit tatsächlich mitministrieren und einen kleinen Leuchter tragen. Das machte ihr viel Spaß, und stolz war sie darauf ohnehin.

Groß waren die Überraschung und die Freude, als sie im darauffolgenden Jahr von der Mesnerin zu Weihnachten einen Einkaufsgutschein für das nächstgelegene Einkaufszentrum ausgehändigt bekam: Für jedes Mal Ministrieren hatte sie 70 Cent gutgeschrieben bekommen und hatte so 14,70 Euro verdient – für eine Viertklässlerin mit 1,50 Euro Taschengeld wöchentlich war das eine stattliche Summe! Der nächste Einkaufsbummel mit ihrem ganz persönlichen Gutschein war für sie ein tolles Erlebnis.

Natürlich sollte ein Dienst in der Kirche oder im Verein in erster Linie aus Interesse und Freude an der Sache ausgeübt werden. Aber ich finde es sehr schön, wenn sich die Kinder mit ihrem zuverlässigen und engagierten Einsatz auch einen kleinen Betrag erarbeiten können. Das ist doch die optimale Kombination: Eine solche Tätigkeit wird als sinnvoll empfunden, sie macht Spaß, bereitet anderen Freude oder Nutzen und wird auch noch finanziell belohnt ... so einen Job sollte eigentlich jeder von uns haben!

Ähnlich wie das Ministrieren kann auch das Sternsingen am 6. Januar, das Singen und Auftreten in einem Chor oder die Mithilfe bei Veranstaltungen in einem Verein honoriert werden.

Der Zusammenhang zwischen Leistung und Geld wird Kindern übrigens auch dann vermittelt, wenn sie am Ende keinen Betrag in Euro und Cent für sich selbst einstecken können.

Beispiel

In der örtlichen Grundschule wird alle zwei Jahre ein Weihnachtsbasar veranstaltet, für den jeweils die dritten und vierten Klassen basteln, backen und Punsch kochen. Der Basar findet spätnachmittags statt, und die Kinder verkaufen ihre Erzeugnisse unter Mithilfe ihrer Lehrerinnen und einiger Eltern.

Am nächsten Tag werden die Einnahmen gezählt, die angefallenen Kosten davon abgezogen und der Rest des Geldes in die Klassenkasse gepackt. Davon werden Bücher für die Klassenbibliothek angeschafft und beim nächsten Wandertag ein Eis für alle gekauft. Es sind ganz besondere Bücher und ein besonders wohlschmeckendes Eis – schließlich haben die Kinder es selbst erarbeitet und bezahlt.

An anderen Schulen finden ähnliche Aktionen statt, bei denen das Geld nicht für die Klassenkasse verwendet, sondern für einen guten Zweck gespendet wird. Wenn die Kinder diesen Zweck kennen und er ihnen kindgerecht erklärt wird, sind sie dafür ebenfalls mit Feuereifer im Einsatz und lernen: Selbst ein Kind kann etwas tun, um anderen zu helfen und das Elend in der Welt zu lindern. Viele Kinder gemeinsam bringen sogar recht stattliche Beträge von mehreren hundert Euro zusammen, die viel besser verwendet werden können als nur für den eigenen Genusskonsum. Überhaupt ist auch Verzicht eine Leistung:

Beispiel

Astrid L.: Meine Töchter sind neun und zwölf. Ich habe mit ihnen aus-gemacht, dass sie im Advent Geld durch Verzicht sammeln können: Normalerweise bekommen sie zum Beispiel am 5. Dezember jede ei-nen großen Schokoladen-Nikolaus, der vier Euro kostet. Wenn sie auf den verzichten, stecke ich das Geld in eine Extraspardose. Wenn sie auf dem Weihnachtsmarkt keinen Kinderpunsch trinken, stecke ich das Geld dafür auch hinein, ebenso wie das für jede Lebkuchenpackung, von der sie im Supermarkt sagen, ich brauche sie nicht zu kaufen.

Letztes Jahr hatten wir fast 20 Euro zusammen, die haben die Kin-der an Weihnachten für Adveniat gespendet, und ich habe den gleichen Betrag nochmals draufgelegt. Damit waren wir alle sehr zufrieden.

Geld für nicht mehr Gebrauchtes

Ähnlich wie das Verzichten ist es für die Kinder eine Leistung, sich von etwas zu trennen. Grundschulkindern fällt es meiner Erfahrung nach sehr schwer, etwas von sich herzugeben. Spielsachen und Bücher, die ein oder zwei Jahre lang völlig unbeachtet in einer Kiste gelegen haben, werden plötzlich furchtbar wichtig, wenn sie verschenkt oder verkauft werden sollen. Wo mein Sechsjäh-riger noch ebenso überzeugt wie wahrheitswidrig klagt »nein, das brauche ich noch, nein damit spiele ich noch«, wird meine Elfjährige aber bemerkenswert unsentimental, wenn ich in der Abstellkammer Sachen für den Flohmarkt oder den Basar zusammensuche. Denn sie hat bereits begriffen: Für Altes gibt es Bares.

Es gibt viele Möglichkeiten, nicht mehr benötigte Kinderkleidung, Möbel, Spielsachen und Bücher zu verkaufen: im Bekanntenkreis, über Kleinanzei-gen, über ebay, auf dem Kindergartenbasar oder auf dem Flohmarkt.

Wichtig ist, dass Ihr Kind daran teilhaben kann: Es soll ruhig dabei sein, wenn Sie die Kleidung durchsehen, mit Preisen versehen und zum Basar brin-gen, um am nächsten Tag mit Ihnen die Liste durchzugehen, was denn für wie viel verkauft wurde und wie viel Geld damit in die Familienkasse gespült wurde. Je direkter der Zusammenhang zwischen dieser Einnahme und einer möglichen Ausgabe für Ihr Kind erkennbar wird, desto besser: »Schau, das sind 35 Euro, dafür kaufen wir dir nächste Woche einen neuen Anorak für den Winter.«

Ein äußerst nützliches Instrument in Sachen Gelderziehung ist aus meiner Sicht der Flohmarkt:

Beispiel

Ich gehe mit meinen Kindern ein- bis zweimal im Jahr auf einen Nachmittagsflohmarkt. Das ist jedes Mal ein großes Ereignis, das einiger Vorbereitung und Nacharbeit bedarf: Zuerst muss einvernehmlich geklärt werden, was alles verkauft werden soll. Dann handeln wir aus, wie mit dem Erlös verfahren werden soll.

Die aktuelle Lösung sieht so aus: Die Kinder dürfen ihre Sachen selbst verkaufen und das Geld behalten, müssen dafür aber ihren Teil an der Standgebühr übernehmen. Sie bringen eigenes Wechselgeld mit, führen genau Buch und notieren zu jedem einzelnen verkauften Artikel, wem er gehört hat und wie viel dafür eingenommen wurde. Von den Artikeln, die allen dreien gemeinsam gehört haben, wird der Kinder-Anteil an der Standgebühr bezahlt und der Rest durch drei geteilt.

Auf dem Flohmarkt beraten wir kurz über die Preise, die ich für angemessen halte. Anschließend überlasse ich den Kindern das Feld auf ihrer Standhälfte. Anfangs haben sie Fantasiepreise verlangt, die niemand bezahlen wollte. Dann haben sie vieles viel zu billig angeboten, aus lauter Angst, sonst gar nichts zu verkaufen. Inzwischen feilschen sie schon recht souverän, auch wenn meine Älteste meinem Jüngsten oft entnervt den Mund verbietet, wenn er mit ihrer Meinung nach falschen Preisforderungen dazwischenkräht.

Daheim wird unter meiner Aufsicht dann eifrig Geld gezählt, verrechnet und ausgezahlt. Am Ende sind alle drei sehr müde, aber auch sehr zufrieden und um etliche Euro reicher.

Warum ich vom Flohmarkt so begeistert bin? Weil die Kinder dabei lernen,

▶ dass es sich lohnt, auch Altes und Ungeliebtes gut zu behandeln – andere Leute können es noch brauchen und sind sogar bereit, Geld dafür zu bezahlen,

▶ dass man nicht alles neu kaufen muss, sondern an Gebrauchtem oft genauso seine Freude haben kann,

▶ dass es befreiend und buchstäblich bereichernd wirkt, sich von Ballast zu trennen,

▶ dass selbst eine so einfache Tätigkeit wie der Verkauf auf einem Flohmarkt überlegte Vorbereitung benötigt,

▶ dass die Preisbildung auf dem Markt ganz konkret von Angebot und Nachfrage abhängt,

▶ dass es sich lohnt, sich abzusprechen und abzuwechseln – denn nur dann geht das Ganze ohne Streit ab und jeder kann auch mal selbst bummeln und Schnäppchen erwerben gehen,

▶ dass die sechs oder sieben »Arbeits«-Stunden zwar grundsätzlich Spaß machen, mitunter aber auch ganz schön zäh verstreichen können,

▶ und dass es ungeheuer befriedigend ist, am Ende eines langen Tages seine Einnahmen zählen zu können.

Ach ja, entmüllte Kinderzimmer und ein ganzer Tag an der frischen Luft, nach dem die Kinder freiwillig früh ins Bett gehen, sind als Nebeneffekte auch nicht zu verachten.

Auch hier gilt natürlich: nicht übertreiben. Ziel des Ganzen ist nicht, dass Ihr Kind alle seine Spielsachen an den Meistbietenden verscherbelt und das Geld für seine Altersvorsorge auf die Bank legt. Ab einem bestimmten Alter muss man sie ohnehin bremsen, damit sie nicht alles verkaufen, was sie für zu »babylig« halten, und zwar ohne jegliche Rücksicht auf jüngere Geschwister oder nostalgische Gefühle der Eltern. Manche Bilderbücher oder Stofftiere hätten meine Kinder bereits bereitwillig verkauft, wenn ich nicht mein Veto eingelegt hätte. Die hebe ich noch auf, für Besuchskinder oder für die Enkelkinder später ... oder, ich gebe es ja zu, schlicht aus Sentimentalität.

»Richtige« Nebenjobs: so ist die Rechtslage

Ältere Kinder können erste Nebenjobs außerhalb Ihres Haushalts annehmen. Dabei unterliegen sie aber den Regelungen des Jugendarbeitsschutzgesetzes, die Sie ebenso wie der zukünftige »Arbeitgeber« beachten sollten:

Das Gesetz legt fest, wer als Kind und wer als Jugendlicher gilt: Kind ist man, solange man das 15. Lebensjahr noch nicht vollendet hat, Jugendlicher ist man zwischen dem 15. und dem 18. Geburtstag. Über 18-Jährige, die noch voll schulpflichtig sind (also die neun Jahre Schulpflicht noch nicht absolviert haben), gelten ebenfalls als Jugendliche.

Die Arbeit von Kindern ist in Deutschland grundsätzlich verboten.

Wer sich schon einmal mit juristischen Fragen beschäftigt hat, weiß: »Grundsätzlich« heißt bei den Juristen immer, dass es mehr oder weniger zahlreiche Ausnahmen gibt. So auch hier.

Es fängt schon mit dem Beschäftigungsverbot für unter 15-Jährige an: Die erste Ausnahme besagt, dass Kinder ab 13 Jahren doch arbeiten dürfen, soweit »die Beschäftigung leicht und für Kinder geeignet ist«.[10] Konkret erlaubt sind körperlich wenig anstrengende Arbeiten,

▶ welche die Gesundheit und Entwicklung des Kindes ebenso wenig wie den Schulbesuch und die Lernfähigkeit beeinträchtigen,
▶ die höchstens bis zu zwei Stunden täglich,
▶ bzw. im eigenen landwirtschaftlichen Betrieb bis zu drei Stunden täglich dauern,
▶ und die außerhalb der Schulzeit und nicht zwischen 18 Uhr abends und 8 Uhr morgens verrichtet werden.

Lasten über 7,5 kg darf Ihr Kind bei einer solchen Arbeit nicht heben, schieben oder sonstwie mit seiner Körperkraft bewegen. Es dürfen keine Maschinen betätigt werden, deren Bedienung die Haltung beeinträchtigt oder mit Unfallgefahr verbunden ist. Auch der Umgang mit potentiell gefährlichen Tieren ist für unter 15-Jährige verboten. So darf der Zwergpudel der Nachbarin gegen Entgelt ausgeführt werden, die Dänische Dogge oder der Rottweiler des Nachbarn aber nicht, weil das Kind diese schon aufgrund seiner geringen Körperkraft nicht wirklich im Griff haben kann.

Möglich sind für 13-Jährige beispielsweise folgende Nebenjobs:
▶ Prospekte austragen,
▶ sich als Babysitter betätigen,
▶ kleinere Hunde ausführen,
▶ Nachhilfe geben,
▶ Botengänge übernehmen,
▶ auf dem Tennis- bzw. Golfplatz Bälle einsammeln,

---

10) § 5 Abs. 3 Jugendarbeitsschutzgesetz

▶ bei nichtgewerblichen Veranstaltungen von Kirchen oder Vereinen mithelfen.

Sind die neun Jahre Schulpflicht absolviert, in der Regel also ab dem 15. Geburtstag, darf Ihr Kind bereits eine Lehrstelle antreten oder, wenn es weiter zur Schule geht, außerhalb der Schulzeit (sprich: nachmittags und in den Ferien) jobben. Für Ausbildungsstellen wie Nebenjobs gilt aber: Es darf

▶ nicht mehr als 8 Stunden täglich und 40 Stunden die Woche,

▶ an nicht mehr als 5 Tagen in der Woche,

▶ grundsätzlich nicht in der Zeit zwischen 20 und 6 Uhr,

▶ und nicht an Sonn- und Feiertagen

gearbeitet werden.

Bei den letzten beiden Punkten gibt es allerdings wiederum zahlreiche Ausnahmen, etwa für Jobs bzw. Ausbildungsplätze im Schaustellergewerbe, in Hotels und Gaststätten, in Bäckereien und in der Landwirtschaft. Gefährliche und körperlich schwere Arbeiten dürfen dagegen auch in diesen Branchen von Jugendlichen nicht ausgeführt werden. Zusätzlich gibt es spezielle Pausenregelungen für Jugendliche, die dazu beitragen sollen, dass sie nicht zu sehr belastet werden.

Auch ein Nebenjob muss vertraglich geregelt werden

Wird in irgendeiner Form vereinbart, dass Arbeit gegen Geld zu leisten ist, ist ein Arbeitsvertrag zustandegekommen. Der kann im Privatbereich mündlich geschlossen werden: Wer bei den Nachbarn babysittet, braucht natürlich keinen schriftlichen Arbeitsvertrag, sondern wird alle Fragen zum Lohn und zur Organisation per Handschlag regeln. Wer dagegen in den Ferien sechs Wochen in einem Unternehmen in Vollzeit arbeitet oder neben der Schule regelmäßig als Minijobber in einem Betrieb aushilft, hat ein Recht auf einen schriftlichen Arbeitsvertrag. Auf diesem Recht sollten Sie und Ihr Kind im Normalfall auch bestehen.

Folgende Punkte sollten geklärt und im Arbeitsvertrag festgehalten werden:

▶ Namen und Anschriften der Vertragsparteien,

▶ Beginn des Arbeitsverhältnisses, bei befristeten Jobs auch das Ende,

▶ der Arbeitsort,

▶ die Bezeichnung/Beschreibung der konkreten Tätigkeit,

▶ die Höhe und Zusammensetzung des Arbeitslohns sowie seine Fälligkeit,

▶ die Dauer und Lage der Arbeitszeit,

▶ falls es ein längeres Arbeitsverhältnis ist: die Dauer des jährlichen Erholungsurlaubs sowie die Kündigungsfristen,

▶ ggf. ein Verweis auf einen gültigen Tarifvertrag bzw. relevante Betriebsvereinbarungen.

Insbesondere die Dauer der tatsächlich geleisteten Arbeitszeit sollte schriftlich festgehalten werden. Wenn es im fraglichen Betrieb keine Zeiterfassung gibt, sollte Ihr Kind sich von seinem Vorgesetzten regelmäßig einen Stundenzettel ausstellen lassen bzw. ihn selbst ausstellen und vom Chef abzeichnen lassen. Wenn im Vertrag steht, wie viel Geld es pro Stunde gibt und die Anzahl der Stunden schriftlich nachgewiesen ist, sind Lohnstreitigkeiten leicht zu vermeiden.

Auch Nebenjobber haben einen Anspruch auf Entgeltfortzahlung bei Krankheit und auf bezahlten Urlaub, jedenfalls, wenn der Job über einen kurzzeitigen Einsatz in den Ferien hinausgeht. Der Entgeltfortzahlungsanspruch entsteht nach vierwöchiger Dauer des Arbeitsverhältnisses automatisch.

Den vollen (bezahlten) Urlaubsanspruch erwirbt man zwar erst nach sechs Monaten Betriebszugehörigkeit, aber wenn man nur einen oder zwei Monate arbeitet, bekommt man anteilige Urlaubstage angerechnet. Jugendliche haben laut Jugendarbeitsschutzgesetz übrigens einen längeren gesetzlichen Urlaubsanspruch als erwachsene Arbeitnehmer:

▶ Jugendlichen unter 16 Jahren stehen demnach mindestens 30 Werktage Urlaub zu,

▶ Jugendlichen, die zu Beginn des Kalenderjahres noch nicht 17 Jahre alt sind, stehen 27 Werktage Urlaub zu und

▶ Jugendlichen, die zu Beginn des Kalenderjahres noch nicht 18 Jahre alt sind, 25 Werktage.

Beachten Sie auch die steuerlichen und sozialversicherungsrechtlichen Folgen von Nebenjobs

Grundsätzlich werden für jedes Arbeitseinkommen Steuern und Sozialabgaben fällig. »Grundsätzlich« heißt natürlich wieder, dass es Ausnahmen gibt.

Fangen wir mit den **Sozialabgaben** an. Sozialabgabenfrei für den Jobber bleiben drei Arten von Beschäftigungsverhältnissen: Minijobs, kurzfristige Beschäftigungen und »Werkstudentenjobs«.

▶ Als Minijob gilt eine Beschäftigung, mit der Ihr Kind nicht mehr als 400 Euro im Monat, also nicht mehr als 4.800 Euro im Jahr verdient. Ein solcher Minijob ist für den Arbeitnehmer sozialabgabenfrei, nur der Arbeitgeber führt pauschale Beiträge zur Renten- und Krankenversicherung (und Lohnsteuer) ab. Hat Ihr Kind parallel mehrere Minijobs, so wird der Verdienst aus diesen Jobs zusammengerechnet. Er bleibt sozialabgabenfrei, solange die Gesamtverdienstgrenze von 4.800 Euro im Jahr nicht überschritten wird.

▶ Der typische Ferienjob ist dagegen eine kurzfristige Beschäftigung. So heißt ein Arbeitsverhältnis, das von vornherein auf eine Dauer von maximal zwei Monate oder 50 Werktage im Jahr (wenn weniger als fünf Tage die Woche gearbeitet wird) angelegt ist. Solche Jobs sind völlig sozialabgabenfrei, und zwar unabhängig davon, wie viel Ihr Kind in dieser Zeit verdient.

▶ Studenten und Schüler an Fachschulen sind teilweise von der Sozialversicherung befreit, solange sie nur während der Semesterferien in Vollzeit und während des Semesters nicht mehr als 20 Wochenstunden arbeiten. Dann zahlen sie zwar Beiträge zur Rentenversicherung, aber keine zur Kranken-, Pflege- und Arbeitslosenversicherung.

Steuerlich sieht die Sache etwas anders aus.

▶ Für einen Minijob muss Ihr Kind normalerweise keine Lohnsteuer zahlen, sondern der Arbeitgeber führt eine Pauschalsteuer von zwei Prozent ab. Er kann diese Steuer aber auf den Arbeitnehmer »überwälzen«, also Ihrem Kind vom Lohn abziehen.

▶ Auch für die kurzfristige Beschäftigung gibt es eine Pauschalsteuer, die ebenfalls auf den Arbeitnehmer überwälzt werden kann

▶ Minijob und kurzfristige Beschäftigung können alternativ auch auf Lohnsteuerkarte erfolgen. Dann kann sich Ihr Kind die gezahlten Steuern im Rahmen einer Einkommensteuererklärung (früher: Lohnsteuerjahresausgleich) zurückholen.

Grundsätzlich gilt: Übersteigt das Jahreseinkommen Ihres Kindes den steuerlichen Grundfreibetrag nicht, muss es keine Einkommensteuer bezahlen bzw. bekommt es die über die Lohnsteuerkarte zunächst abgeführte Steuer bei der Einkommensteuererklärung zurück. Der Grundfreibetrag beträgt ab dem Veranlagungszeitraum 2010 für Alleinstehende 8.004 Euro. Er gilt auch für Ihr Kind.

Beachten Sie:

Dieser Grundfreibetrag gilt nicht nur für die Einkommensteuer, sondern auch für das Kindergeld bei Kindern, die bereits das 18. Lebensjahr vollendet haben.

Verdient Ihr Kind auch nur einen Euro mehr als 8.004 Euro, hat das eine fatale Folge: Sie verlieren den Anspruch auf Kindergeld und müssen das gesamte bereits erhaltene Kindergeld für das betreffende Jahr zurückzahlen! Noch schlimmer sind die Folgen, wenn Sie einen Riester-Vertrag abgeschlossen haben, denn auch die dafür gezahlten Kinderzulagen hängen am Kindergeld. Entfällt der Anspruch auf Kindergeld, fällt auch der auf die Riester-Zulage weg – Sie müssen sie ebenfalls komplett zurückzahlen!

Wo und wie Ihr Kind einen Nebenjob finden kann

Vielleicht können Sie in dem Unternehmen, in dem Sie selbst arbeiten, einen Job für Ihr Kind auftun oder sonstige Beziehungen spielen lassen. Falls das nicht möglich ist oder Sie die Selbstständigkeit Ihres Kindes noch stärker fördern wollen, können Sie ihm Wege aufzeigen, auf denen es selbst einen Nebenverdienst finden kann.

Wichtig ist, dass Ihr Kind alleine und problemlos, etwa mit dem Cityroller oder Fahrrad, »zur Arbeit« gelangen und Sie per Handy erreichen kann, falls es Schwierigkeiten geben sollte. Bei jüngeren Teenagern sollten Sie zusätzlich dafür sorgen, dass ein angemessener Tarif ausgehandelt wird und darum bitten, dass die Auftraggeber Ihnen Rückmeldung geben, wenn die Arbeit nicht zuverlässig und sorgfältig ausgeführt wird. 15- oder 16-Jährige sollten über Löhne und Modalitäten selbstständig verhandeln und sich auch ohne größere elterliche Kontrolle zuverlässig an das Vereinbarte halten.

Persönliche Ansprache

Zunächst empfiehlt es sich, in der Nachbarschaft und im Verwandten- und Bekanntenkreis herumzufragen. Lassen Sie Ihr Kind überlegen, wer in der Nachbarschaft Bedarf an welchen Dienstleistungen haben könnte. Es soll eine Liste möglicher Tätigkeiten und Interessenten erstellen und mit Ihnen durchsprechen. Ein Kind, das selbstständig genug ist, einen Nebenjob auszuüben, schafft es sicher auch, die infrage kommenden »Arbeitgeber« selbst anzusprechen.

Arbeit gibt es in Nachbarschaft und Verwandtschaft sicher genug: Vielleicht

- ▶ schippt Ihr Sohn im Winter für eine ältere Nachbarin den Schnee vor dem Haus,
- ▶ kümmert sich die Tochter während des Urlaubs einer Nachbarsfamilie um deren Meerschweinchen oder Kaninchen,
- ▶ führt der 13-Jährige den Hund berufstätiger Bekannter aus,
- ▶ mäht die 14-Jährige für die Großeltern den Rasen
- ▶ oder gibt der 16-Jährige einem Siebtklässler Nachhilfestunden in Mathematik.

Über 15-Jährige können sich auch einen Neben- oder Ferienjob bei einem Unternehmen über die direkte Ansprache besorgen: Sie klappern einfach die Betriebe am Ort ab und erkundigen sich, ob diese Aushilfsarbeiten zu vergeben haben. Natürlich präsentiert sich Ihr Kind dort sauber, gepflegt und höflich.

Oft wissen Schulkameraden, ältere Freunde oder Erwachsene aus dem Bekanntenkreis, die in diesen Unternehmen arbeiten, bereits Bescheid, wer wann wie viele Jobs zu vergeben hat. Das können einfachere Tätigkeiten im Büro oder in der Produktion sein, Lagerarbeiten, Hilfstätigkeiten in der Werbung wie das Verteilen von Flyern oder das Verschenken von Produktproben.

Schwarzes Brett/Inserate

In praktisch jedem Supermarkt gibt es ein Schwarzes Brett, an das die Kunden kostenlos ihre Verkaufsanliegen und Kaufgesuche, Jobgesuche und -angebote hängen können. Diese sollte Ihr Kind regelmäßig aufmerksam im Hinblick auf Dienstleistungsnachfragen studieren. Oder es hängt gleich selbst einen Zettel auf, auf dem es seine Dienste anbietet.

Manchmal gibt es ein Schwarzes Brett mit Jobangeboten an der Schule, und garantiert gibt es eines an der Fachhochschule oder Universität. Mindestens genauso gut wie ein Schwarzes Brett funktionieren die Kleinanzeigen im örtlichen Anzeigenblatt, die allerdings bezahlt werden müssen.

Jobbörsen/Arbeitsagentur

Wenn Sie in einer städtischen Region wohnen, kann Ihr Kind seinen Job eventuell auch über eine Internet-Jobbörse finden. Ab etwa 16 Jahren kann es im Internet beispielsweise Aushilfsjobs als Verkäufer, Messe- oder Inventurhelfer, Bedienung (nicht abends!) oder Bürohilfe in Ihrer Stadt finden.

Internet-Tipp

Neben-, Mini-, Aushilfs- und Ferienjobs findet Ihr Kind im Internet beispielsweise unter folgenden Adressen:

▶ www.jobs3000.net

▶ www.gelegenheitsjobs.de

▶ www.jobber.de

▶ www.myjobnextdoor.com

▶ www.schuelerjobs.de

▶ www.ansus.de

Aber Achtung: Lassen Sie Ihr Kind nicht ganz allein übers Internet einen Job suchen und antreten. Lassen Sie sich die infrage kommenden Stellenausschreibungen vorab zeigen und prüfen Sie, ob diese für Ihr Kind angemessen sind und von einem seriösen Anbieter stammen, bevor eine Bewerbungs-E-Mail losgeschickt oder ein Termin für ein Vorstellungsgespräch ausgemacht wird.

Um die Seriosität des Angebots brauchen Sie sich dagegen keine Sorgen zu machen, wenn Ihr Kind sich an die für Ihre Region bzw. Ihre Stadt zuständige Arbeitsagentur wendet. Diese hat sehr wahrscheinlich ebenfalls eine größere Auswahl an Ferien- und Nebenjobs im Vermittlungsangebot. Bei der Arbeitsagentur sollte Ihr Kind sich einige Wochen vor Ferienbeginn melden und sich registrieren lassen, damit es bereits in der Datei ist, wenn die Stellenangebote eintrudeln.

6

Welches Finanzwissen
Ihre Kinder haben sollten

Lieber eine Stunde über Geld nachdenken,
als eine Stunde für Geld arbeiten.
JOHN DAVISON ROCKEFELLER

Der Bundesverband deutscher Banken, der die Interessen der deutschen Privatbanken vertritt, interessiert sich naturgemäß auch für die Einstellungen, die in der Bevölkerung zu den Themen Banken, Geld und Wirtschaft vorherrschen. Kinder und Jugendliche sind die Bankkunden von morgen, deshalb lässt der Bankenverband in regelmäßigen Abständen eigens eine Jugendstudie erstellen, in der rund 750 Jugendliche und junge Erwachsene von 14 bis 24 Jahren telefonisch befragt werden. Die jüngste Jugendstudie wurde Anfang April 2009 durchgeführt, ihre Ergebnisse im Juli 2009 veröffentlicht. Die Autoren finden klare Worte:

»Dass an den Schulen, aber auch anderenorts, eine stärkere ökonomische Bildung nötig ist, belegen die nach wie vor deutlichen Wissenslücken der Jugendlichen und jungen Erwachsenen bei grundlegenden Wirtschaftsthemen.«[11]

So gaben 40 Prozent der jungen Befragten an, mit dem Begriff »soziale Marktwirtschaft« würden sie »nichts Bestimmtes« verbinden, ebenso ging es 28 Prozent mit dem Begriff »Globalisierung«. 28 Prozent hatten noch nie etwas vom Prinzip von »Angebot und Nachfrage« gehört. Und von denen, die davon gehört hatten, konnten 21 Prozent es nicht erklären. Was die »Inflationsrate« ist, konnten 54 Prozent nicht erklären, und 94 Prozent konnten nicht angeben, wie hoch die Inflationsrate aktuell ist.

Das deckt sich übrigens mit meinen Erfahrungen, die ich als Dozentin im Laufe von zehn Jahren bei Erstsemester-Studenten im Fach Betriebswirt-

---

11) Jugendstudie 2009 des Bundesverbandes deutscher Banken, Seite 11

schaft (!) oder Tourismus-Management an der Fachhochschule Kempten gemacht habe: Auch da kann Jahr für Jahr etwa die Hälfte der Studenten nichts mit dem Begriff »Inflationsrate« anfangen bzw. ihn nicht erklären.

Der Forderung des Bankenverbandes nach einem Schulfach Wirtschaft, in dem diese Zusammenhänge gelehrt werden, kann ich mich daher nur anschließen. Solange es das nicht gibt, sind allerdings neben den Medien weiterhin Sie als Eltern als Wissensvermittler gefragt.

Ähnliche Wissenslücken ergaben sich in Bezug auf konkrete Finanzkenntnisse. Erschreckende 49 Prozent der 14- bis 24-Jährigen gaben zu, sich in Geld- und Finanzfragen »kaum« (44 Prozent) oder »gar nicht« (5 Prozent) auszukennen. 42 Prozent gaben zu, sie hätten »keine Ahnung« von dem, was an der Börse geschieht. Erstaunlicherweise gaben trotzdem 81 Prozent der Befragten an, Informationen über Geld und Finanzangelegenheiten seien für sie »wichtig« oder sogar »sehr wichtig«, 68 Prozent fanden, es mache sogar Spaß, sich um die eigenen Geldangelegenheiten zu kümmern. Praktisch tun das 37 Prozent »regelmäßig«, 38 Prozent wenigstens »ab und zu«, aber immer noch 25 Prozent »selten« oder »nie«. Auch hier braucht Ihr Kind Ihre Anleitung und Unterstützung. Niemand, auch kein Jugendlicher, kann es sich leisten, sich nicht um seine Geldangelegenheiten zu kümmern.

Was können Sie tun, um Ihrem Kind zu einem soliden Wissen über Finanzthemen zu verhelfen? Ganz einfach: Reden Sie mit Ihrem Kind über Geld. Und zwar zum einen anhand von konkreten Beispielen aus Haushalt und Familienleben. Zum anderen sollten Sie bestimmte Grundbegriffe möglichst anschaulich erklären.

In diesem Kapitel finden Sie Vorschläge dazu, wie Sie Ihrem Kind eine realistische Einschätzung der Finanzsituation Ihrer Familie ermöglichen sowie kindgerechte Erklärungen, die Sie übernehmen können, um bestimmte Begriffe und Zusammenhänge zu verdeutlichen. Diesen eher theoretischen Teil der Gelderziehung können und sollten Sie angehen, sobald Ihr Kind der Grundschule entwachsen ist. Spätestens mit 14 oder 15 Jahren muss meiner Meinung nach ein heutiger Teenager dieses Wissen haben.

Machen Sie Geld zu einem Gesprächsthema in Ihrer Familie

In mehreren Ratgebern und Interviews zum Thema fand ich die Aussage, Eltern müssten ihren Kindern größtmögliche Transparenz in Gelddingen bieten.

Da kann ich so nicht zustimmen. Ein Kind muss nicht im Detail wissen, wie viel seine Eltern netto nachhause bringen, und auch nicht, wie viel sie wo und wie als Sparguthaben angelegt haben.

Kindergarten- und Grundschulkinder könnten mit den Größenordnungen dieser Zahlen ohnehin nichts anfangen, und natürlich wäre es den allermeisten Eltern – wie mir auch – unangenehm, wenn die Kinder im Bekanntenkreis solche Zahlen ausplaudern. Noch schlimmer, wenn sie diese nicht richtig verstanden oder behalten haben und eben mal eine Null dranhängen oder weglassen ...

Ab zwölf oder dreizehn Jahren können und sollten Kinder dagegen die Größenordnungen kennen: Was verdienen die Eltern in etwa, wie viel davon geht für Miete, die Bedienung von Krediten und sonstige Lebenshaltungskosten drauf? Wie viel Mama im Einzelnen für ihre Kleidung ausgibt oder Papa für sein Hobby, müssen sie nicht wissen. Auch nicht, wie groß der Spargroschen ist oder was die Eltern an Maßnahmen zur Altersvorsorge geplant haben. Eltern sind ihren Kindern keine Rechenschaft in Finanzfragen schuldig. Das Bemühen um sachgerechte Informationen dagegen schon.

Was kostet was?

Machen Sie mit Ihrem Kind doch einmal einen kleinen Test. Lassen Sie es in der folgenden Tabelle die Spalte für die Preise ausfüllen:

Ein(e) ...	kostet etwa
Micky-Maus-Zeitschrift	
Kinokarte	
Liter Milch	
Diddl-Block	
1 kg Kartoffeln	
Jeans	
1 Liter Heizöl	
Download eines Musikstücks	
Miete für eine Drei-Zimmer-Wohnung	

Für Sie wird das Ergebnis dieses Tests wenig überraschend ausfallen: Ihr Kind wird die kindertypischen Ausgaben recht genau einschätzen können, die Preise für Lebensmittel, Heizöl oder Miete aber nicht kennen. Das ist ein guter Ansatzpunkt, um mit Ihrem Kind über Ihre Ausgaben zu sprechen.

Ziel ist es wie gesagt nicht, centgenau aufzuschreiben, was Sie mit Ihrem Geld machen. Ziel ist es, eine einigermaßen realistische Einschätzung der Lebenshaltungskosten und der finanziellen Situation Ihrer Familie zu vermitteln. Ihr Kind soll verstehen, dass auch Erwachsene nicht alles kaufen können, was sie wollen, dass es auch für sie finanzielle Notwendigkeiten und Beschränkungen gibt, dass auch die Eltern mit dem Geld haushalten müssen – und dass Extras wie Urlaub, Ausflüge oder Luxusanschaffungen keine Selbstverständlichkeit sind, sondern nur durch die Anstrengung der Eltern und ihren klugen Umgang mit Geld möglich werden. Sollten Sie über sehr viel Geld verfügen, dürfen Sie sich aus pädagogischen Gründen in diesen Gesprächen ruhig etwas ärmer machen als Sie sind.

Gehen Sie also gemeinsam mit Ihrem Kind die folgenden Posten durch. Lassen Sie es erst schätzen, welche Summe Sie wofür brauchen und nennen Sie dann die tatsächliche Zahl. (Voraussetzung für diese Gespräche ist natürlich, dass Sie selbst Überblick über Ihre einzelnen Ausgabenposten haben. Sollte das nicht der Fall sein, empfehle ich Ihnen, ein Haushaltsbuch anzuschaffen und über einige Wochen zu führen, bevor Sie dieses Gespräch mit Ihrem Kind führen.) Was also geben Sie in etwa monatlich aus für

- ▶ Miete bzw. Raten für das Eigenheim
- ▶ Versicherungen
- ▶ Lebensmittel
- ▶ Strom, Heizung, Wasser usw.
- ▶ Auto und Fahrkarten

Und aus welchem Nettoeinkommen müssen Sie das alles finanzieren? Ihr Kind wird erstaunt darüber sein, wie groß der Anteil Ihres Einkommens ist, der bereits für diese Lebensnotwendigkeiten draufgeht. Anhand dieser Zahlen können Sie gut erklären, warum beispielsweise der Wunsch nach einem neuen Auto, einer größeren Wohnung oder einer teuren Urlaubsreise nicht oder erst nach einer längeren Zeit des Sparens erfüllbar ist.

Aber Vorsicht: Vermeiden Sie Pauschalierungen wie »wir haben einfach nicht genug Geld« oder »mit dem bisschen Geld können wir gar nicht auskommen«, die Ihrem Kind Angst machen könnten. Selbst wenn Sie tatsächlich sehr wenig Geld haben und damit äußerst sparsam umgehen müssen, sollten Sie Ihrem Kind vermitteln, dass das eine Herausforderung ist, die einigen Verzicht und viel kluge Überlegung bedeutet, die aber zu meistern ist. Geld darf kein angstbesetztes Thema werden, wenn Sie Ihr Kind zu einem souveränen Umgang damit erziehen wollen.

Beispiel:

Martina M.: Meine Töchter sind acht und elf. Als wir diesen Sommer in Italien im Urlaub waren, wollte meine Ältere in Murano ein recht teures Glastier haben. Ich habe abgelehnt: »Nein, das geht nicht, dafür haben wir kein Geld.« Als sie fragte, warum, habe ich gesagt: »Weil uns sonst das Geld nicht ausreicht.« Am Abend wollte sie kein Eis essen. Auch am nächsten Tag antwortete sie auf die Frage, ob sie ein Eis wolle, mit Nein. Das kam mir seltsam vor, und ich hakte nach.

Schließlich erklärte sie mir, dass sie sich große Sorgen um unsere finanzielle Situation mache und deswegen durch den Eisverzicht Geld sparen wolle: »Du hast doch gesagt, uns reicht das Geld nicht!« Erst als ich ihr das Prinzip des Budgets erklärte, beruhigte sie sich. Wir haben ein Urlaubsbudget für Essen, eines für Eintrittsgelder, Bootsfahrten usw. sowie eines für Shopping. Und das war in Murano eben schon ausgeschöpft. Das war für sie so einleuchtend wie beruhigend. Sie wollte dann doch ein Eis.

Das Prinzip von Budgets sollten Sie Ihrem Kind unbedingt erklären. Ein bisschen kennt es das ja schon: Wenn Sie ihm zur Klassenfahrt 20 Euro für Getränke und Snacks und 20 Euro zum Verjuxen mitgegeben haben, waren das eben zwei Budgets. Es wird also verstehen, wenn Sie ihm erklären, dass Sie den durch die oben genannten Ausgaben nicht verbrauchten Teil Ihres Nettoeinkommens in Budgets aufteilen müssen. Und dass, wenn Sie beispielsweise das Kleiderbudget wegen eines teuren Markenwunsches überziehen, dafür eben an anderer Stelle gespart werden muss, etwa bei den Ausflügen.

Beziehen Sie Ihr Kind ruhig in die Budgetplanung ein. Grundschulkinder lernen in der zweiten Klasse das Rechnen mit Geld. Sie können Ihr Kind ab diesem Zeitpunkt ausrechnen lassen, was der geplante Ausflug ins Museum oder den Tierpark kostet: Fahrkarte bzw. Benzinkosten, Eintritt plus Eis oder eine andere kleine Verpflegung. Lassen Sie es ausrechnen, wie viel in Ihrem Ausflugsbudget danach noch übrig ist – das ist eine äußerst hilfreiche Zahl, wenn Ihr Kind im Zoo nach einem weiteren Eis, einem Plüschtier oder anderen teuren Mitbringseln verlangt.

Meine Kinder waren ziemlich schockiert, als wir nach einem Ausflug nach München mit Museums- und Kinobesuch und Mittagessen gemeinsam berechneten, dass der ganze Spaß uns fast 100 Euro gekostet hatte. Anschließend war ihnen völlig klar, dass so ein Tag eine absolute Ausnahme ist und bleiben muss.

Wie sparen Sie und wofür?

Sparen heißt, Geld, das man hat, nicht ausgeben.
Geld das man nicht hat, nicht ausgeben, nennt man Realismus.
PROFESSOR DR. H.C. MANFRED ROMMEL

Beim Sparbuch machen die meisten Eltern instinktiv alles richtig. Fast jedes Kind in Deutschland hat ein Sparbuch, das oft schon kurz nach der Geburt angelegt wird, um Geldgeschenke von Verwandten unterzubringen. Wir kennen es ja alle aus unserer eigenen Kindheit, als wir jedes Jahr am 30. Oktober, dem Weltspartag, unser Sparschwein zum »Schlachten« auf die Bank trugen und dafür ein kleines Werbegeschenk nachhause tragen durften. Wie schön war es zu sehen, wie der Betrag rechts unten in dem kleinen Büchlein von Jahr zu Jahr anwuchs (wie erschreckend klein dieser Betrag auf einmal war, als er zur Finanzierung des Führerscheins verwendet werden sollte, war weniger schön, aber zweifellos lehrreich).

Das ist im Hinblick auf eine Geld- bzw. Sparerziehung auch heute noch sinnvoll: Wenn Ihr Kind Jahr für Jahr einen Teil des Taschengeldes in sein Sparschwein steckt und zur Bank bringt, freut es sich genau wie wir damals über die Werbegeschenke des Instituts. Es lernt also ganz anschaulich, dass Sparen ihm etwas bringt und kann über die Jahre mitverfolgen, wie das Geld sich vermehrt. Sparen wird so zu einer lieben Gewohnheit für ihr Kind, und das ist sehr wertvoll.

Denn genau das ist das Ziel der Sparerziehung: Ihr Kind soll lernen, dass Sparen äußerst nützlich ist, dass es eine Investition in zukünftiges Wohlergehen ist und dass es sogar Spaß machen kann.

Aber mal ehrlich: Welches Kind lernt das wirklich? Sind nicht gerade wir Erwachsenen diejenigen, die Sparen zwar nützlich, aber auch unsexy finden? Erklären wir unseren Kindern nicht mit sauertöpfischer Miene »ich würde dir das ja gerne kaufen, aber wir müssen leider sparen«? In der Realität lernen sehr viele Kinder Sparen als etwas Negatives kennen, als Verzicht, als Zwang, sogar als Bestrafung.

Wenn Sie sich in dieser Beschreibung wiedererkannt haben, sollten Sie also zunächst an Ihrer eigenen Einstellung arbeiten. Klar heißt Sparen, Geld nicht auszugeben. Sie verzichten heute auf einen Lustgewinn. Aber dafür bekommen Sie auch etwas: Beispielsweise die Sicherheit, auch morgen mit Ihrem Geld auszukommen und nicht in die Privatinsolvenz zu schlittern. Oder die Gewissheit, sich auch im Ruhestand einen angenehmen Lebensstandard leisten zu können. Oder die Vorfreude auf die Erfüllung eines konkreten Sparziels: den gemeinsamen Urlaub, die neue Sitzgruppe, den brillanten Flachbildschirmfernseher.

Ein Sparer ist also eigentlich kein Verzichter. Im Gegenteil: Er ist jemand, der sich für vorübergehende Einschränkungen mit etwas belohnt, was ihm wirklich Freude macht. So gesehen sind Sparer die wahren Genießer.

Diese Einstellung sollten Sie Ihrem Kind vermitteln. Das ist gar nicht so schwierig.

Beispiel

Nehmen Sie sich ein Sparziel vor, das die ganze Familie gemeinsam verfolgt, etwa einen Urlaub. Rechnen Sie aus, wie viel Geld Sie dafür brauchen. Teilen Sie diesen Betrag in Monatsraten auf, die Sie aus Ihrem frei bleibenden Einkommen monatlich ansparen müssen, um bis zum Urlaubsbeginn bzw. bis zur Fälligkeit des Reisepreises die benötigte Summe zusammenzuhaben.

Dann stellen Sie ein Sparschwein oder ein Einmachglas in der Küche auf und werfen jeden Monat Ihre Rate hinein. So können Sie und Ihr Kind sehen, wie die Sparsumme wächst und wie Sie Betrag für Betrag dem Urlaub näherkommen. Mit den Scheinen im Glas wird der Erfolg des Sparens im Vorfeld sichtbar und im Urlaub selbst genussvoll erlebbar.

Erklären Sie grundlegende finanzielle und wirtschaftliche Zusammenhänge

Sie werden sich vielleicht fragen, warum Sie mit Ihrem Kind einen Grundkurs in Volkswirtschaftslehre absolvieren sollen und ob das wirklich sein muss, nur damit es lernt, mit seinem Geld umzugehen. Soweit es nur um das Einteilen des eigenen Geldes geht, muss ich der Ehrlichkeit halber mit »Nein« antworten. Nein, um mit seinem Geld auszukommen, braucht man keine Grundkenntnisse in Volkswirtschaft.

Aber man braucht sie, um überhaupt an Geld zu kommen. Wie bereits erwähnt: Taschengeld ist ja unrealistisches Geld, welches, das vom Empfänger nicht verdient werden muss. Die Realität der Erwachsenen sieht aber so aus, dass Geld durch den Verkauf der eigenen Arbeitsleistung verdient wird, dass der Tausch von Geld gegen Ware oder Dienstleistung auf einem Markt stattfindet, dass sich dort Preise herausbilden, dass die Sparsumme des einen die Investitionssumme des anderen ist.

Wenn Ihr Kind, das inzwischen ein Jugendlicher ist, verstehen soll, was im Erwerbsleben vor sich geht, wenn es aktiv und souverän als Marktpartner auftreten soll, wenn es sparen, für sein Alter vorsorgen und zwischen verschiedenen Anlagemöglichkeiten wählen soll, dann braucht es dazu ein Mindestmaß an finanz- und wirtschaftstheoretischem Grundwissen. In diesem Abschnitt finden Sie die wichtigsten Begriffe und Konzepte dazu, und zwar so erklärt, wie Sie sie Ihrem Kind erklären können.

Funktionen des Geldes

Mal ganz simpel gefragt: Warum gibt es überhaupt Geld? Und wozu ist es eigentlich gut? Unsere Ahnen hatten in grauer Vorzeit schließlich auch kein Geld, sondern tauschten Ware gegen Ware. Das war auf Dauer allerdings ziemlich kompliziert. Wer ein Tierfell hatte und Töpfe haben wollte, musste jemanden finden, der Töpfe hatte und ein Tierfell wollte. Oder jemanden, der ein Tierfell wollte und dagegen etwas anderes eintauschen konnte, das derjenige haben wollte, der die Töpfe hatte ... Mit einem allgemein akzeptierten Zwischen-Tauschmittel war die Sache viel einfacher: Man tauschte bei einem Marktpartner das Tierfell gegen Geld, um dann das Geld bei dem Mann mit den Töpfen gegen die begehrte Ware einzutauschen.

Gleichzeitig vereinfachte Geld den Wertvergleich: Wie viele Töpfe ist ein Tierfell wert? Und wie viel Honig? Oder wie viel Feuerholz? Das musste nicht mehr mit jedem Marktpartner und jeder Tauschware einzeln ausgehandelt werden. Für ein Tierfell gibt es soundsoviele Geldeinheiten. Ein Topf ist X Geldeinheiten wert und eine bestimmte Menge Feuerholz Y Geldeinheiten. Das ist von geradezu eleganter Übersichtlichkeit. Nicht zu vergessen der dritte Vorteil, den Geld bietet: Es verdirbt nicht. Ein Tierfell für später aufzuheben war immer eine riskante Sache: Es konnte schimmeln oder von Motten angefressen werden. Geld kann dagegen beinahe beliebig lange aufbewahrt werden, ohne dass es an Wert verliert.

Geld hat also drei Funktionen. Es ist
▶ allgemeines Tauschmittel,
▶ Wertmaßstab und
▶ Wertaufbewahrungsmittel.

Warum hat Geld einen Wert?

Das Münzgeld früherer Jahrhunderte war aus Edelmetallen wie Gold oder Silber und hatte als solches auch einen materiellen Wert an sich, waren doch die seltenen und hübschen Metalle schon immer begehrt. Die bunt bedruckten Geldscheine unserer Tage hätte ein römischer Legionär oder ein ägyptischer Schreiber wohl mit gehobener Augenbraue skeptisch betrachtet.

Das Prinzip, das hinter dem Papiergeld steht, war ihnen aber bereits bekannt: Sie kannten Ermächtigungsschreiben, mit denen beispielsweise der Pharao den Beamten oder Handwerker berechtigte, gegen Vorlage des Schreibens eine bestimmte Menge Getreide zu erhalten. Das Schreiben war eine Zusage: »Ich bin zufrieden mit deiner Leistung. Dafür bekommst du deinen Lohn in Form von Getreide.« Es war ein Versprechen auf Entlohnung. Es war bereits eine frühe Form von Papiergeld.

Letztlich haben sich die Menschen darauf geeinigt, einander soweit zu vertrauen, dass sie Versprechen gegen Versprechen tauschen können. Geld ist ein allgemeines Tauschmittel, weil es von allen als Tauschmittel akzeptiert wird.

Das funktioniert natürlich nur solange, wie hinter dem Geld nicht nur ein Versprechen, sondern auch eine reale Leistung steckt. Denn nur solange haben die Menschen Vertrauen in die Tauschkraft des Geldes.

Das Reich der Pharaonen geriet in eine schwere Krise, als die Getreidespeicher leer waren und der Pharao seine Handwerker und Schreiber nur noch mit leeren Versprechen, aber eben nicht mehr mit Getreide entlohnen konnte. Die Arbeiter meuterten und plünderten die Gräber aus, die sie zuvor gebaut hatten. Der Niedergang des ägyptischen Großreiches hatte begonnen.

Soweit müssen wir aber gar nicht zurückgehen. Unsere Eltern und Großeltern erinnern sich noch lebhaft an die Nachkriegszeit, als man für Geld nichts kaufen konnte. Als allgemeine akzeptierte Tauschware galten Zigaretten und Schokolade, man tauschte das gute Silberbesteck gegen Butter und Eier ein, weil es die für das wertlose Versprechen des damaligen Besatzungsgeldes nicht gab. Erst mit der Währungsreform 1949, mit der Einführung der Deutschen Mark, hatten die Menschen wieder Vertrauen in das Tauschversprechen des Geldes. Und über Nacht waren die Läden voll. Voller Ware und voller Menschen, die sie kauften.

Was ist Inflation?

Geld hat eine Wertaufbewahrungsfunktion. Man kann es viel besser und länger aufheben als irgendwelche Naturalien. Trotzdem sollte man es nicht daheim unter die Matratze schieben. Denn dort verliert es an Wert. Je mehr, desto länger es dort liegt.

Wie kann das sein?

Es liegt daran, dass im Laufe der Zeit die Preise für Güter steigen. »Alles wird immer teurer«, seufzten schon unsere Eltern. Das stimmt zwar so nicht, manche Güter wurden in den letzten Jahren sogar deutlich billiger. Aber vieles wird aus verschiedenen Gründen nach und nach tatsächlich teurer. Das heißt: Für einen bestimmten Geldbetrag kann man sich im Laufe der Zeit immer weniger Güter kaufen. Wir hatten das schon am Beispiel der Kugel Eis besprochen, die Anfang der 50er-Jahre noch fünf Pfennige (etwa 2,5 Cent) kostete und heute teilweise bereits bei 1,20 Euro liegt. Für zehn Pfennige (etwa 5 Cent) Taschengeld gab es Anfang der 50er-Jahre zwei Kugeln Eis. Heute gibt es dafür gerade mal einen kleinen Lutscher. Es gibt also weniger fürs Geld.

Diese Geldentwertung bzw. die Verteuerung der Güter nennt man Inflation.

Berechnet wird sie anhand eines von Statistikern zusammengestellten Straußes an Gütern (»Warenkorb«), der die typischen Einkäufe durchschnittlicher Haushalte abbilden soll. Man vergleicht die Preise in diesem Warenkorb im Zeitablauf miteinander. Beträgt die Inflationsrate beispielsweise 2 Prozent, bedeutet das, dass die Durchschnittsfamilie heute für den gleichen Warenkorb 2 Prozent mehr zahlen muss als vor einem Jahr. Oder, noch einfacher ausgedrückt: Was vor einem Jahr 100 Euro gekostet hat, kostet heute 102 Euro.

Geld im Sparstrumpf verliert also unweigerlich an Wert. Nur wenn man es anlegt und dafür (→) Zinsen kassiert, kann es seinen Wert behalten oder sogar vermehren.

Es gibt mehrere Gründe für die Verteuerung von Waren: Zum einen die zunehmende Knappheit von Gütern (mehr dazu lesen Sie gleich im nächsten Abschnitt), zum anderen die künstliche Verteuerung durch Steuererhöhungen des Staates (Mehrwertsteuer, Mineralölsteuer), aber auch die überschießende Geldproduktion des Staates. Sie erinnern sich: Geld ist ein Versprechen, das durch reale Leistungen gedeckt sein muss. Gibt es mehr Geld als Güter, ist das Geld automatisch weniger wert – man kann weniger der vergleichsweise knappen Güter dafür kaufen.

Das Prinzip von Angebot und Nachfrage

Wenn Güter getauscht werden sollen, braucht es jemanden, der das fragliche Gut hat und verkaufen will – einen Anbieter – und einen Gegenpart, der das Gut kaufen möchte, also einen Nachfrager. Der Ort, an dem sich beide treffen und über ihren Gütertausch verhandeln, ist der **Markt**.

Ob nun Ware gegen Ware oder Ware gegen Geld bzw. umgekehrt getauscht werden soll: Anbieter und Nachfrager müssen sich darauf einigen, wie viel vom einen das andere wert ist. Sie müssen also einen **Preis** für das Gut festlegen. Dem Anbieter wäre es am liebsten, wenn der Preis für seine Ware oder Leistung sehr hoch wäre. Dann würde er sehr gerne sehr viel davon anbieten. Der Nachfrager hat natürlich ein genau entgegengesetztes Interesse: Er möchte möglichst wenig für die Ware bezahlen. Je billiger sie ist, desto mehr würde er kaufen.

In der ökonomischen Theorie bildet sich aus diesen widerstreitenden Interessen der Anbieter und Nachfrager ein **Marktgleichgewicht** zu einem Gleichgewichtspreis: Zu diesem Preis gibt es ein Angebot, das genauso groß ist wie die Nachfrage. Solche Marktgleichgewichte gibt es in der ökonomischen Praxis zwar nur sehr selten. Aber das Prinzip funktioniert trotzdem: Der Preis eines Gutes zeigt indirekt an, wie begehrt und wie knapp es ist. Je knapper und begehrter, desto teurer ist es. Je reichlicher vorhanden und je weniger begehrt es ist, desto niedriger ist der Preis, den ein Anbieter dafür erzielen kann. Der Preis ist also ein **Knappheitsanzeiger.**

Das erklärt, warum Nickel billiger ist als Gold, warum die Butterpreise in Zeiten der Milchschwemme in den Keller fallen und warum eine Putzfrau so viel weniger verdient als ein Topmanager: Es gibt viel mehr Nickel als Gold, und das seltenere Metall ist das begehrtere. Die europäischen Bauern produzieren mehr Milch und Milchprodukte, als die Europäer essen wollen und können, und bei einem Angebotsüberschuss verliert die Ware automatisch an Wert.

Es gibt viel mehr Menschen, die Putzleistungen in zufriedenstellender Qualität erbringen können, als Menschen, die willens und fähig sind, ein Unternehmen zu managen (und denen die Eigentümer des Unternehmens das zutrauen). Eine Leistung, die eigentlich jeder erbringen kann, wird daher vergleichsweise schlecht bezahlt. Eine Leistung, die nur wenige erbringen können, die aber viele nachfragen, wird dagegen mit einem Vielfachen des Putzfrauenlohnes honoriert. Genau das ist ja der Grund, warum wir Eltern so gerne wollen, dass unsere Kinder sich in der Schule anstrengen und eine qualifizierte Ausbildung machen.

Grundwissen für Sparer und Geldanleger

Sparen ist nicht nur eine tolle Sache, weil der Verzicht heute den Genuss morgen ermöglicht. Sondern auch, weil das gesparte Geld »ganz von selbst« immer mehr und mehr wird. Wie das geht? Ganz einfach: Über den Zins und den Zinseszinseffekt.

Was ist Zins?

In einer Marktwirtschaft hat, wie wir gesehen haben, alles einen Preis. Auch das Geld selbst. Manchmal braucht nämlich ein Marktteilnehmer mehr Geld, als er gerade hat. Dann kann er sich welches von einem anderen Marktteilnehmer leihen, der gerade mehr hat, als er braucht. Nur: Warum sollte der eine dem anderen Geld leihen? Er geht damit ja ein gewisses **Risiko** ein: Natürlich verspricht der Geldleiher, dass er die ganze Summe zurückzahlen wird. Wenn er das Versprechen aber aus irgendwelchen Gründen nicht halten kann, ist das Geld futsch.

Dass es mit Leiherei trotzdem klappt, liegt an einem ganz einfachen Trick: Der Geldleiher verspricht dem Verleiher nämlich, dass er nicht nur das ganze geborgte Geld zurückbekommt, sondern sogar noch mehr. Er bezahlt also einen **Preis für das Leihen**. Dieser Preis ist der Zins.

Aus Sicht des Verleihenden ist der Zins, den er bekommt, also das Entgelt dafür, dass er ein gewisses Verlustrisiko eingeht. Für ihn ist klar: Je höher das Risiko ist, je ungewisser es ist, ob er sein Geld jemals in voller Höhe wiedersieht, desto höher muss der Zins sein, den er dafür bekommt. Sonst lässt er das Verleihen lieber sein.

Der Zins ist wie jeder Marktpreis ein Knappheitsanzeiger: Wenn es gerade viele Leute gibt, die Geld verleihen wollen, aber wenige, die welches ausleihen wollen, ist der Zins niedriger als in der umgekehrten Situation. Gleichzeitig ist der Zins ein **Risikoanzeiger**: Je riskanter das Geschäft, desto höher der Zins.

So erklären Sie den Zinseszinseffekt

Wer sein Geld spart und zur Bank bringt, bekommt dafür Zinsen. Die bezahlt das Kreditinstitut dafür, dass es das Geld der Sparer an andere Kunden verleihen darf und dafür wiederum (höhere) Zinsen kassiert. Das Schöne ist: Durch die erhaltenen Zinsen erhöht sich die Anlagesumme, ohne dass der Sparer etwas dafür tun muss. Sein Geld »arbeitet« für ihn. Und zwar umso mehr, je länger das Geld auf dem Sparkonto bleibt.

Der Grund für diese wundersame Geldvermehrung ist: Die Zinsen erhöhen die Anlagesumme und werden im darauffolgenden Jahr mitverzinst. So wird die eingehende Zinszahlung Jahr für Jahr immer höher, weil die bereits erhaltenen Zinsen die Anlagesumme immer weiter erhöhen. Das ist der Zinseszinseffekt.

Beispiel

Ihr Kind bekommt zur Kommunion, Konfirmation oder Jugendweihe 500 Euro geschenkt. Diese legen Sie zu einem Zinssatz von 4 Prozent an. Dann hat Ihr Kind nach 12 Monaten nicht mehr 500, sondern 520 Euro auf dem Konto. Es hat nämlich 20 Euro Zinsen gutgeschrieben bekommen. Werden die 520 Euro wiederum zum selben Zinssatz angelegt, bekommt Ihr Kind im nächsten Jahr 20,80 Euro Zinsen, hat dann also 540,80 Euro auf dem Konto. Im dritten Jahr steigt der Kontobetrag auf 562,43 Euro.

Nach 10 Jahren hat Ihr Kind bereits 740,12 Euro auf dem Sparkonto. Die ursprüngliche Anlagesumme hat sich um fast die Hälfte vermehrt! Nach 20 Jahren wären es sogar 1.095,56 Euro, also mehr als das Doppelte des Ausgangsbetrags. Und das alles, ohne dass Sie oder Ihr Kind etwas dazu tun – Sie müssen das Geld nur angelegt lassen!

Am besten nutzt Ihr Kind den Zinseszinseffekt also, wenn es

▶ so früh wie möglich mit dem Sparen anfängt,

▶ Sie dafür eine möglichst hohe Verzinsung aushandeln

▶ und es über die Jahre hinweg eisern dabeibleibt!

Es lohnt sich also, Geldgeschenke nicht gleich auszugeben, sondern anzulegen. So kann mit vergleichsweise geringem Aufwand im Laufe der Jahre dank des Zinseszinseffekts das Geld für den Führerschein oder die Möblierung der ersten eigenen Wohnung zusammenkommen.

Lesebeispiel 1 zur gegenüberstehenden Tabelle: Würde es Ihnen gelingen, die 1.000 Euro zu einem Zinssatz von 6 Prozent anzulegen, könnte Ihr Kind sich nach 10 Jahren über einen Betrag von 1.898 Euro und nach 20 Jahren sogar über die hübsche Summe von 3.207 Euro freuen!

Lesebeispiel 2: Angelegt zu einem Zinssatz von 3 Prozent, werden aus den 1.000 Euro im Laufe von 5 Jahren 1.159 Euro und nach 10 Jahren 1.344 Euro.

Man kann die Tabelle übrigens auch andersherum lesen: Bei einer Inflationsrate von dauerhaft 2 Prozent (und die ist nicht unrealistisch) müssen Sie, wenn das Geld genauso viel Kaufkraft haben soll wie 1.000 Euro heute, in 11 Jahren bereits 1.243 Euro haben. 1.000 Euro werden in 11 Jahren aufgrund der Inflation also viel weniger wert sein als 1.000 Euro heute. Einen echten Gewinn macht Ihr Kind mit der Anlage also nur, wenn der Zins dauerhaft über der Inflationsrate liegt.

Tabelle:

Was wird aus einer einmaligen Geldanlage von 1.000 Euro?

Zins / Jahr	2 Prozent	3 Prozent	4 Prozent	5 Prozent	6 Prozent
1	1.020	1.030	1.040	1.050	1.060
2	1.040	1.061	1.082	1.103	1.124
3	1.061	1.093	1.125	1.158	1.191
4	1.082	1.126	1.170	1.216	1.262
5	1.104	1.159	1.217	1.276	1.338
6	1.126	1.194	1.265	1.340	1.419
7	1.149	1.230	1.316	1.407	1.504
8	1.172	1.267	1.369	1.477	1.594
9	1.195	1.305	1.423	1.551	1.689
10	1.219	1.344	1.480	1.629	1.791
11	1.243	1.384	1.539	1.710	1.898
12	1.268	1.426	1.601	1.796	2.012
13	1.294	1.469	1.665	1.886	2.133
14	1.319	1.513	1.732	1.980	2.261
15	1.346	1.558	1.801	2.079	2.397
16	1.373	1.605	1.873	2.183	2.540
17	1.400	1.653	1.948	2.292	2.693
18	1.428	1.702	2.026	2.407	2.854
19	1.457	1.754	2.107	2.527	3.026
20	1.486	1.806	2.191	2.653	3.207

Alle Beträge in dieser Tabelle sind auf volle Euro-Beträge gerundet.

Das »magische Dreieck« aus Rendite, Sicherheit und Liquidität

»Rendite« ist im Wesentlichen ein anderes Wort für Verzinsung. Jeder Sparer und Anleger wünscht sich für sein Geld eine möglichst hohe Rendite/Verzinsung. Dummerweise gibt es richtig hohe Renditen aber nur für sehr riskante Anlagen, bei denen eine vergleichsweise hohe Wahrscheinlichkeit besteht, dass das angelegte Geld an Wert verliert. Andere Anlagen sind zwar sehr sicher. Für die gibt es aber nur wenig Zins.

Das gute alte Sparbuch ist so ein Fall. Pädagogisch sehr wertvoll, wie wir gesehen haben, ist es auch eine äußerst sichere Form der Geldanlage. Zum einen greift für Sparbuchvermögen das interne Sicherungssystem der Banken, der Einlagensicherungsfonds. Zum anderen gilt dafür die staatliche Garantie für Sparer: Sparbücher, Tagesgeld, Festgeld, Festzinssparverträge und Sparbriefe sind seit 1.1.2010 bis zu einer Höhe von 100.000 Euro geschützt. Geht Ihre Bank pleite, bekommen Sie das Geld vom Staat ersetzt.

Wegen der beruhigenden Sicherheit dieser Anlagen sind ihre Renditen leider bescheiden. Guthaben auf Sparbüchern erzielen einen Mickerzins von unter einem Prozent. Reich wird man damit nicht, nicht einmal, wenn man das Geld sehr lange angelegt lässt. Im Gegenteil: Oft ist die Inflationsrate höher als die Sparbuchzinsen – unter dem Strich (»effektiv«) verringert sich dadurch der Wert des Gesparten sogar.

Kluge Anleger versuchen daher, eine gesunde Mischung aus sicheren (niedrig verzinsten) und renditestarken (riskanten) Anlagen hinzubekommen. Die riskanten Anlagen bergen ja immerhin eine Chance auf überdurchschnittlichen Vermögenszuwachs – und wenn es nicht klappt, sind da immer noch die bescheidenen, aber treuen Anlageformen.

Bei dieser Mischung muss ein weiterer Punkt berücksichtigt werden: Sparen und Anlegen erfolgt im Blick auf die Zukunft. Aber man muss auch heute von etwas leben. Es kann immer passieren, dass man aus unvorhersehbaren Gründen doch Geld vom Ersparten braucht. Oder man kann sogar ganz genau vorhersehen, wann man es braucht: Bei Beginn eines Studiums oder beim Bezug der ersten eigenen Wohnung etwa. Dann muss der Sparer an seine Anlagen herankommen und sie »flüssig« (liquide), sprich: zu Barem machen können.

Die Kunst besteht also darin, einerseits Risiko und Sicherheit gegeneinander abzuwägen und dadurch eine im Durchschnitt möglichst hohe Rendite zu erzielen, ohne dadurch so unflexibel zu werden, dass man an das Geld nicht herankommt, wenn man es braucht.

Warum man nichts auf Pump kaufen soll

Wer spart, nutzt den Zinseszinseffekt: Das Geld vermehrt sich selbst. Wenn man länger spart, muss man also für ein Sparziel weniger Geld zur Seite legen, als der Anschaffungswunsch kostet – den Restbetrag füllen die Zinsen auf.

Viele Menschen, und darunter besonders viele junge Leute, gehen den umgekehrten Weg: Sie kaufen heute, bezahlen aber später. Klar: Wenn man jung ist, hat man besonders viele Wünsche, aber leider meistens besonders wenig Geld. Da fallen die Sofort- und Ratenkreditversprechen von Banken und Händlern auf fruchtbaren Boden.

Bei jeder Bestellung in einem Versandhandelskatalog können Sie als »Zahlungswunsch« Ratenzahlung angeben, jedes Möbelhaus oder Küchenstudio bietet die Kreditfinanzierung Ihrer Einkäufe an, und zum neuen Auto gibt es die Finanzierung sowieso gleich mit dazu.

Oft werden Ratenkredite mit auf den ersten Blick sagenhaft niedrigen Konditionen angeboten. »Nur 3,49 Prozent Zinsen« soll das Darlehen kosten. Diese nominalen Zinsen sind aber nicht die einzigen Kosten. Zusätzlich müssen Sie bei einem Ratenkredit normalerweise eine Bearbeitungsgebühr zahlen, die bei ein bis zwei Prozent der Kreditsumme liegt. Wird diese zum Nominalzins dazugerechnet, erhalten Sie den »Effektivzins«, also den tatsächlich zu zahlenden Zins. Die Kreditinstitute sind zwar gesetzlich dazu verpflichtet, bei ihren Kreditangeboten den Effektivzins mit anzugeben, um Ihnen als Kunden den Preisvergleich zu ermöglichen.

Aber Vorsicht: Selbst der Vergleich von Effektivzinsen kann trügerisch sein. Die Prämien für mehr oder weniger freiwillig abgeschlossene Versicherungen werden bei der Effektivzinsberechnung nämlich nicht berücksichtigt. Oft wird zum Kredit gleich eine sogenannte Restschuldversicherung mitverkauft, die einspringen soll, wenn Sie den Kredit zum Beispiel wegen Krankheit, Arbeitslosigkeit oder Tod nicht zurückzahlen können. Damit sichert sich die Bank ab und kassiert zusätzlich eine Abschlussprovision von der Versicherung. Schön für die Bank. Teuer für den Kreditnehmer.

Manche Anbieter werben sogar mit völlig zinsfreien Krediten, den 0,0-Prozent-Angeboten. Ratenzahlung ohne Zins und Bearbeitungsgebühr ist natürlich sehr attraktiv. Oder?

Bei diesen Angeboten sollten Sie ganz genau hinschauen. In der Regel gelten sie nur für wenige, ganz spezielle Produkte. Häufig sind diese speziellen Angebote von vornherein teurer kalkuliert – auch Händler haben schließlich nichts zu verschenken, sondern müssen von dem leben, was sie an ihren Kunden verdienen.

Das Grundproblem beim Kauf auf Pump ist: Sie zahlen monate- oder gar jahrelang Raten für etwas, das Sie schon nutzen und das deswegen erheblich an Wert verliert. Bis das neue Auto nach drei Jahren abbezahlt ist, hat es schon die Hälfte seines Wertes verloren. Sie zahlen darauf noch Zinsen, was das (inzwischen werthalbierte) Fahrzeug erheblich verteuert. Und Ihnen entgehen die Zinsen, die Sie für das Geld bekommen würden, wenn Sie es ansparen statt abzahlen würden.

Nicht zu vergessen, dass die Kreditraten das frei verfügbare Einkommen weiter verkleinern und zu Einschränkungen zwingen. Sie sparen also auch beim Kauf auf Pump – nur eben gezwungenermaßen nach dem Kauf statt davor und nicht als Nutznießer des Zinseszinseffekts, sondern als sein Leidtragender. Deswegen nennt man das kreditfinanzierte Kaufen auch »Negativ-Sparen«.

Aus dieser Erkenntnis ist für Eltern und Kinder nur ein Schluss zu ziehen: Die Parole lautet »erst sparen, dann kaufen«!

Das kleine ABC der Geldanlage

Jugendliche, die bereits ein kleines Sparvermögen besitzen, sollten grundsätzlich wissen, was sie damit machen können, auch wenn manches (wie der Kauf von Aktien) erst mit der Volljährigkeit infrage kommt. Für Jugendliche, die bereits in Ausbildung sind, sind auch die Sparförderungsmaßnahmen des Staates sehr interessant, etwa die vermögenswirksamen Leistungen und die Arbeitnehmer-Sparzulage.

Aktien

Eine Aktiengesellschaft ist ein Unternehmen, das sich (unter anderem) dadurch finanziert, dass es sein Kapital in Anteile zerlegt, diese verbrieft und verkauft. Wer einen solchen Anteilsschein, eine Aktie, kauft, verschafft dem Unternehmen Geld (Kapital) und wird dafür Mit-Eigentümer an diesem Unternehmen. Als Eigentümer steht ihm natürlich auch ein Anteil am Gewinn zu, den das Unternehmen macht. Aktiengesellschaften schütten einen Teil ihres Gewinns daher an ihre Eigentümer aus; dieser Gewinnanteil heißt **Dividende**.

Zusätzlich zur Dividende bieten Aktien noch eine weitere, oftmals wesentlich bedeutsamere Gewinnchance: Aktien werden gehandelt, also von einem Eigentümer an den nächsten verkauft. Steigt der Wert eines Unternehmens, weil es gute Produkte und Leistungen erstellt und anbietet und im Wettbewerb damit gut bestehen kann, steigt auch der Wert der einzelnen Anteile. Dann können Sie Ihre Aktien zu einem höheren Preis verkaufen als Sie dafür bezahlt haben und so von einem Kursgewinn profitieren. Wenn Sie Pech haben, läuft es allerdings umgekehrt: Sie bezahlen die Aktie im Einkauf teuer und müssen sie billig verkaufen.

Aktien sind grundsätzlich eine riskante Anlage, schließlich ist es kaum absehbar, wie sich der Marktwert eines Unternehmens in der Zukunft entwickeln wird. Diese Entwicklung verläuft ohnehin keineswegs stetig, sondern in vielen kleineren und größeren Auf- und Abwärtsbewegungen. Aktien sind eine langfristige Anlageform, die man nur für Geld wählen sollte, das auf absehbare Zeit nicht benötigt wird.

Um Aktien zu kaufen, braucht man ein Depot, also ein spezielles Konto. Das kostet normalerweise Gebühren. Da Minderjährige beschränkt geschäftsfähig sind, dürfen sie nicht selbst Aktien kaufen und verkaufen. Für sie gibt es ein eigenes **Minderjährigendepot**, das nur mit Erlaubnis und Unterschrift der Eltern geführt werden darf und beispielsweise bei den Sparkassen gebührenfrei ist. Für den Kauf und Verkauf von Aktien fallen jeweils Transaktionsgebühren an. Dividenden und Kursgewinne unterliegen der Abgeltungssteuer.

> **Fazit**
> Die Investition in Einzelaktien ist wegen der zu erwartenden Kursschwankungen sehr riskant. Wer viel Geld übrig hat, kann es als »Spielgeld« für Aktienkäufe verwenden und damit im Einzelfall durchaus sehr gute Gewinne machen – oder auch (fast) alles verlieren. Für Jugendliche und junge Erwachsene sind Einzelaktien als Anlageform normalerweise aber nicht empfehlenswert.

Aktienfonds

Ein Fonds ist gewissermaßen ein Anlagetopf, in den die Fondsgesellschaft viele Aktien vieler verschiedener Unternehmen hineinpackt. Der Grund für diese »Topfbildung« ist der Gedanke der Risikostreuung: Es gibt immer Unternehmen, die aufgrund von Missmanagement oder branchenspezifischer Entwicklungen an Wert verlieren. Dafür gibt es aber auch immer andere, bei denen es richtig gut läuft und die ihren Wert entsprechend steigern. Im Fonds gleichen sich diese unterschiedlichen Entwicklungen ein wenig aus – unter dem Strich bleibt so eine höhere Rendite bei akzeptablem Risiko.

Flexibel ist man mit Fonds auch: Man kann regelmäßig, beispielsweise monatlich, eine feste Summe anlegen oder auch nur ab und zu, etwa wenn die Oma ein größeres Geldgeschenk gemacht hat, weitere Fondsanteile kaufen.

Es gibt übrigens nicht nur Aktienfonds, sondern auch welche, in die nur festverzinsliche Wertpapiere gepackt werden (Rentenfonds), welche, die Anteile an Immobilien halten (Immobilienfonds) und solche, die Anlagen in Aktien und festverzinslichen Wertpapieren mischen (Mischfonds).

Auch ein Fonds verursacht Kosten: Man zahlt einen Ausgabeaufschlag (mit dem der Fondsvertrieb bezahlt wird), eine Depotbankgebühr, die von der Bank kassiert wird, und eine Verwaltungsgebühr an die Fondsgesellschaft, die vom Fondsvermögen direkt abgezogen wird. Die Depotbankgebühr entfällt bei einem Minderjährigendepot meistens, und bei den Direktbanken gibt es viele Angebote ohne oder mit verringertem Ausgabeaufschlag. Die Erträge aus Fonds unterliegen der Abgeltungssteuer.

Fazit

Trotz eines gewissen Risikos kann ein (Aktien-)Fonds eine sehr attraktive Anlageform sein. Insbesondere, wenn das Geld langfristig investiert, also beispielsweise von der Kommunion bis zum Abitur angelegt werden kann. Vergleichsweise sicher ist ein sogenannter Indexfonds, der den Aktienmarkt auf breiter Front nachbildet und deswegen nicht von einzelnen Branchenentwicklungen abhängig ist. Für Jugendliche, die das angelegte Geld voraussichtlich bald benötigen werden, ist ein Fonds wegen der Kursschwankungen aber ungeeignet.

Banksparpläne (auch: Ansparplan, Wachstums-, Prämien- oder Bonussparen)

Praktisch alle Kreditinstitute bieten die Möglichkeit, jeden Monat eine feste Summe in einem eigenen Banksparplan anzusparen. Man entscheidet sich für einen bestimmten monatlichen Betrag, zahlt diesen per Dauerauftrag auf ein spezielles Konto ein und bekommt dafür eine wegen des geringen Risikos dieser Anlageform meist nicht allzu hohe Verzinsung.

Dabei gibt es die verschiedensten Varianten: Manche Sparpläne sind mit wechselnden Zinssätzen (variabel) verzinst, andere haben feste (fixe) Zinssätze, wieder andere unterliegen einer vorab festgelegten Zinssatzsteigerung oder festen Zusatzzahlungen (Bonus, Prämie), die jeweils ab dem Erreichen bestimmter Sparsummen greift. Variable Sparpläne haben keine feste Laufzeit, sondern können jederzeit mit einer Frist von drei Monaten gekündigt werden. Ihre Verzinsung ist niedrig. Für die fest und deswegen etwas höher verzinsten Sparpläne werden dagegen Laufzeiten vereinbart, die von 3 bis 25 Jahren reichen können. Die Vielfalt der angebotenen Modelle macht einen Vergleich schwierig.

Fazit
Bausparpläne sind wegen des geringen Risikos für den langfristig angelegten Vermögensaufbau eines Kindes sinnvoll. Praktikabel ist diese Anlageform aber nur, wenn die Eltern oder ein Verwandter (oft sind das die Großeltern) die monatlichen Sparraten übernehmen.

Bausparen

Viele Jugendliche haben einen Bausparvertrag, weil er zum einen eine sehr sichere Anlage ist, zum zweiten an den sinnvollen Zweck eines Eigenheimerwerbs gekoppelt ist und zum dritten durch die (→) vermögenswirksamen Leistungen und die Arbeitnehmersparzulage gefördert wird. Die Idee ist auch recht einleuchtend: Eine eigene Wohnung kostet viel Geld. Bis man das so vor sich hin angesammelt hat, vergeht eine ziemlich lange Zeit. Schneller geht es, wenn viele Bauwillige gemeinsam in einen großen Topf einzahlen.

Genau das tun Sie, wenn Sie einen Bausparvertrag abschließen. Ihre Bausparraten fließen in den großen Topf, ebenso wie die Tilgungszahlungen für die von glücklichen Bauherren bereits in Anspruch genommenen Bauspardarlehen. Alles zusammen gibt die Zuteilungsmasse. Je nachdem, wie lange Sie bereits einzahlen, wie hoch Ihre Sparraten im Verhältnis zur Bausparsumme sind und wie viel Geld sich im gemeinsamen Topf befindet, bekommen Sie früher oder später Ihre Bausparsumme nebst daran hängendem Darlehen »zugeteilt«.

Die Verzinsung des eingezahlten Geldes ist beim Bausparen nicht besonders hoch. Auch die Planbarkeit lässt zu wünschen übrig, weil man im Vorhinein eben nie genau weiß, wann der Vertrag zuteilungsreif sein wird. Interessant ist aber das Bauspardarlehen, das dem Sparer in Höhe seiner Bausparsumme zusteht. Dieses Darlehen gibt es zu einem festen und vergleichsweise niedrigen Zins. In Zeiten schwankender bzw. steigender Zinsen ist ein solches Niedrigzinsdarlehen eine feine Sache. Fällt die Zuteilung des Vertrags dagegen in eine Niedrigzinsphase, hält sich der Nutzen des Bausparens in sehr engen Grenzen.

Fazit

Bausparen ist eine sehr sichere Anlageform und kann sich für einen Jugendlichen lohnen, wenn er dafür vermögenswirksame Leistungen nutzt und sich mit dem Gedanken trägt, in einigen Jahren tatsächlich eine eigene Wohnung zu kaufen. Um sich die für Jugendliche so wichtige finanzielle Flexibilität zu erhalten, sollte allerdings darauf geachtet werden, einen Vertrag mit einer nicht zu hohen Bausparsumme (ca. 5.000 Euro) und niedrigen monatlichen Raten (ca. 50 Euro pro Monat) abzuschließen.

Festgeld (auch: Termingeld)

Sind aus dem Ersparten oder dem Erbe der Oma beispielsweise 2.500 Euro auf einen Schlag übrig, kann man sie als Festgeld anlegen. Dabei zahlt man das Geld auf ein spezielles Termingeldkonto ein, bindet sich an eine bestimmte Laufzeit, die meist von einem bis zwölf Monate reicht, und bekommt einen fest vereinbarten Zins dafür. Manche Institute bieten auch längere Laufzeiten für Festgeld an. In der Regel sind die Zinssätze bei längeren Laufzeiten höher.

Sollte man das Geld kurzfristig brauchen, können Festgeldanlagen meist auch vorzeitig gekündigt werden; das kostet aber eine Gebühr oder eine Reduzierung des Zinssatzes, so dass die Rendite flöten geht.

Fazit

Festgeld ist interessant, wenn man einen größeren Betrag auf einmal anlegen kann und ihn während der Laufzeit sicher nicht braucht. Es eignet sich also ebenfalls gut für die Anlage von Geldgeschenken aus Kindertagen bis zum Ausbildungs- oder Studienbeginn.

Sparbriefe

Sparbriefe sind eigentlich Schuldverschreibungen. Das heißt: Ein Kreditinstitut leiht sich für einen bestimmten Zeitraum Geld von Anlegern und zahlt ihnen dafür Zinsen. Der Anleger zahlt einmalig einen Betrag ein, auf den er je nach Laufzeit für zwei bis zehn Jahre definitiv keinen Zugriff mehr hat. Der Mindestbetrag liegt oft bei 500 Euro, kann je nach Institut aber auch 2.500 Euro oder 5.000 Euro betragen. Es gibt Sparbriefe in verschiedenen Varianten. Für Kinder und Jugendliche bieten sich normalverzinste Sparbriefe mit jährlicher Auszahlung der Zinsen an.

Die Zinssätze für Sparbriefe sind derzeit relativ niedrig. Außerdem ist diese Anlageform sehr unflexibel.

Fazit

Sparbriefe kommen infrage, wenn Geld für ein Kind oder einen Jugendlichen angelegt werden soll, das während der Laufzeit garantiert nicht benötigt wird und bei dem die Sicherheit der Anlage im Vordergrund steht.

Sparbuch

Pädagogisch ist ein Sparbuch sehr wertvoll, wie Sie bereits gelesen haben. Finanziell betrachtet ist es das leider nicht.

Immerhin: Das Geld ist auf dem Sparbuch bis zu einer Summe von 100.000 Euro dank des gesetzlichen Einlagensicherungsfonds absolut sicher, was spätestens seit der Finanzkrise zugegebenermaßen ein sehr wichtiger Punkt ist. Man zahlt keine Kontoführungsgebühren und kommt jederzeit flexibel an das Geld heran, solange nicht mehr als 2.000 Euro pro Monat abgehoben werden sollen.

Aber die Sicherheit hat einen Preis: Sparbuchguthaben werden selbst in Hochzinsphasen nicht nennenswert verzinst. Derzeit (Stand: Sommer 2010) liegt der Zinssatz für ein klassisches Sparbuch bei 0,25 bis 0,8 Prozent. Das ist nicht so tragisch, solange die Teuerungsrate wie während der Wirtschaftskrise bei null liegt. Aber sobald die Teuerung (Inflation) wieder zu ihren »normalen« jährlichen Sätzen um die 2 Prozent oder mehr zurückfindet, heißt das: Auf dem Sparbuch wird das Geld nicht nur nicht mehr, sondern unter dem Strich betrachtet sogar Jahr für Jahr weniger wert. Und das ist auch sicher.

Allerdings: In extremen Niedrigzinsphasen wie während der Wirtschaftskrise 2009 gibt es allgemein geringe Guthabenzinsen. Da gewinnen spezielle Sparbuchangebote an Attraktivität, wie sie die Postbank und manche Direktbanken bieten. Diese sind zwar meist an bestimmte Bedingungen geknüpft, etwa eine Mindestanlagesumme und eine Onlinekontenführung. Dafür gibt es aber eine relativ gute Verzinsung, die das Sparbuch zumindest vorübergehend zu einer interessanten Anlageform macht.

Fazit

Der Nutzen des Sparbuchs ist vor allem pädagogischer Natur. Die extrem niedrige Verzinsung legt es nahe, das Geld Ihres Kindes anderweitig anzulegen, insbesondere, wenn es sich um größere (also vierstellige) Beträge handelt.

Vermögenswirksame Leistungen (VL)

Hinter diesem etwas sperrigen Begriff verbirgt sich eigentlich etwas ganz Einfaches, nämlich Geld, das Ihr Arbeitgeber seinen Arbeitnehmern zum Zweck der Vermögensbildung auf ein eigenes Anlagekonto überweist. Auszubildende und Arbeitnehmer haben entweder aufgrund eines Tarifvertrags oder einer Betriebsvereinbarung Anspruch auf vermögenswirksame Leistungen, oder sie können diesen extra im Arbeitsvertrag vereinbaren. Je nach Tarifvertrag und

Branche gibt es monatlich einen Arbeitgeberzuschuss von 7 bis 40 Euro zusätzlich zum eigentlichen Gehalt. Auf den Zusatzbetrag sind allerdings ganz normal Steuern und Sozialabgaben zu entrichten – bis zur Abgabenfreiheit reichen die guten Absichten des Staates dann doch nicht.

Das eigentliche Sparen funktioniert dann so: Sie entscheiden sich für eine der förderfähigen Anlageformen, schließen einen entsprechenden Sparvertrag ab und reichen eine Kopie dieses Vertrags bei Ihrem Arbeitgeber ein. Der überweist den monatlich fälligen Sparbetrag direkt auf ein eigenes Konto, und zwar sechs Jahre lang. Sie können den Zuschuss des Arbeitgebers gegebenenfalls bis zur förderfähigen Höchstgrenze von 40 Euro monatlich aus Ihrem normalen Gehalt aufstocken, um an die vollen staatlichen Zulagen zu kommen. Danach gilt eine einjährige Sperrfrist, während derer Sie nicht an das Geld herankommen. Nach sieben Jahren können Sie über den kompletten Betrag vollständig frei verfügen.

Zu den VL-Anlageformen gehören Aktienfondssparpläne, Banksparpläne, Bausparverträge und die Tilgung von Bauspardarlehen sowie die betriebliche Altersvorsorge (Letzteres nur, wenn der Tarifvertrag das zulässt). Wenn Sie die VL für die betriebliche Altersvorsorge verwenden, hat das den zusätzlichen Charme, dass die Sparbeiträge steuer- und sozialabgabenfrei bleiben. Erst die Auszahlung im Alter ist dann steuer- und abgabenpflichtig.

Bei manchen Verträgen für vermögenswirksame Leistungen gelten Mindestanlagesummen. Bei Aktienfondssparplänen sind dies oft 34 Euro, bei Bausparverträgen können es zwischen 14 und 40 Euro sein. Darüber sollten Sie sich vor Vertragsschluss informieren. Erhalten Sie von Ihrem Chef nämlich weniger als die Mindestanlagesumme, müssen Sie den Rest aus eigener Tasche drauflegen.

Fazit

Wenn Ihr Kind als Azubi einen Anspruch auf vermögenswirksame Leistungen zusätzlich zu seinem regulären Arbeitseinkommen hat, sollte es diesen auch einlösen. Wenn es dies nicht tun, verschenkt es Geld, das sich in sieben Jahren zu einem netten Pölsterchen entwickeln könnte.

Sie wissen gar nicht, ob Ihrem Kind vermögenswirksame Leistungen zustehen? Dann sollten Sie beim Betriebsrat oder der Personalabteilung nachfragen.

Arbeitnehmer-Sparzulage

Nicht nur der Arbeitgeber fördert mit den vermögenswirksamen Leistungen Ihre Sparbemühungen, unter bestimmten Umständen legt auch der Staat noch etwas drauf. Sofern Sie zu den Geringverdienern mit einem jährlichen zu versteuernden Einkommen von bis zu 20.000 Euro (Ehepaare 40.000 Euro) gehören, fördert er Ihre VL-Verträge zusätzlich durch die jährliche Arbeitnehmer-Sparzulage. Sie steigert die Rendite Ihrer Anlage erheblich und macht die Sache erst richtig attraktiv.

Als Azubi sollte Ihr Kind dieses Geldgeschenk unbedingt mitnehmen. Diese Arbeitnehmer-Sparzulage erhält es allerdings nur auf Antrag und nur für die Anlageformen der Bausparverträge, Tilgung eines Bauspardarlehens oder eines Aktienfondssparplan. Der Antrag wird jährlich neu in der Anlage N der Steuererklärung gestellt.

Die staatliche Förderung beträgt:

Anlageform	Förderung	Maximalbetrag pro Jahr
Aktienfondssparplan	20 Prozent auf Ihre jährlichen Einzahlungen bis zu einem Höchstbetrag von 400 Euro	80 Euro
Bausparvertrag bzw. Tilgung eines Bauspardarlehens	9 Prozent auf Ihre Beiträge bzw. Rückzahlungen bis 470 Euro im Jahr.	43 Euro

Als Bausparer kann Ihr Kind unter Umständen sogar noch zusätzlich die Wohnungsbauprämie bekommen. Das hängt wiederum von einer Einkommensgrenze ab, die bei 25.600 Euro für einen Alleinstehenden liegt. Sie beträgt 8,8 Prozent auf die jährlichen Einzahlungen bis maximal 512 Euro, höchstens aber 45 Euro.

Wenn z. B. 470 Euro an vermögenswirksamen Leistungen in einen Bausparvertrag eingezahlt werden, bekommt Ihr Kind also zusätzlich 43 Euro Arbeitnehmer-Sparzulage und 41,36 Euro Wohnungsbauprämie. Die Zulagen allein machen dann bereits eine Rendite von 17,95 Prozent aus – das schafft man mit kaum einer anderen Anlageform!

Fazit

Wenn Ihr Kind unter den genannten Einkommensgrenzen liegt, sollte es sich für eine der drei förderfähigen Anlagen entscheiden und unbedingt jedes Jahr den Antrag auf die Arbeitnehmersparzulage stellen. Wenn Ihr Kind vorhat, später eine eigene Wohnung zu kaufen, sollten Sie sich für den Bausparvertrag entscheiden. Andernfalls wäre der Aktienfondssparplan ratsamer.

Nützliche Internet-Adressen für Eltern (und Kinder)

www.bankenverband.de

Bundesverband deutscher Banken, Urheber der Jugendstudie 2009 (einfach »Jugendstudie 2009« in das Suchfeld rechts oben eingeben). Der Verband führt laufend weitere Erhebungen zu Finanzthemen durch, deren Ergebnisse online gestellt werden und bietet aktuelle Informationen zu Konjunktur- und Wirtschaftsfragen.

www.bankundjugendimdialog.de

Diese Seite informiert über ein sehr interessantes, von der Diakonie Krefeld angestoßenes Projekt zur Verbesserung der Finanzkompetenz bei Jugendlichen.

Schüler ab der 8. Klasse und Auszubildende besuchen bei diesem dreitägigen Projekt zunächst eine Bank und lassen sich vor Ort über die verschiedenen Arten von Bankgeschäften informieren, verbringen dann einen Tag bei einer Schuldnerberatung, die über ihre Arbeit und die Ursachen von Überschuldung berichtet, um den dritten Tag in einem Workshop an ihrer eigenen Finanzkompetenz zu feilen. Die meisten bisherigen Projekte wurden in und um Krefeld durchgeführt; es können aber auch Schulen (und Banken) aus anderen Bundesländern teilnehmen.

www.brentkessel.com

Englischsprachige Website des US-Finanzberaters und Yoga-Fans Brent Kessel, auf der er unter anderem Tipps und Strategien für die ausgewogene Geldanlage gibt und seine acht »Geld-Archetypen« vorstellt (unter der Rubrik »Tools«).

www.familienhandbuch.de

Onlinehandbuch des Staatsinstituts für Frühpädagogik (IFP), mit Beiträgen und Tipps zu allen möglichen Bereichen rund um Familie, Eltern- und Partnerschaft, Kinder und Erziehung. Hier finden Sie auch den Beitrag zum Thema »Taschengeld« von Dr. Hermann Liebenow, und zwar unter der Rubrik »Erziehungsfragen« und dem Titel »Gelderziehung und Taschengeld«.

www.geldundhaushalt.de
Onlineangebot der Sparkassen-Finanzgruppe mit vielen Informationen rund ums Geld. Es werden auch kostenlose Broschüren und Arbeitshilfen wie ein Taschengeldplaner oder ein Onlinehaushaltsbuch angeboten.

www.kinderkampagne.de
Website zum Projekt »Kinderkampagne«, das vom 01.05.2003 bis 30.09.2004 vom Verbraucherzentrale Bundesverband mit Unterstützung des Verbraucherschutzministeriums durchgeführt wurde. Ziel des Projekts war es, die Werbekompetenz von Kindern und Jugendlichen zu stärken.

Informationen rund um das Projekt und seine Ergebnisse finden Sie auf diesen Seiten ebenso wie Kinderseiten mit Informationen rund um die Werbung, die sich an die Kinder und Jugendlichen selbst richten (http://kinderseite.kinderkampagne.de)

www.minijobzentrale.de
Alle Informationen und Formulare zum Thema Minijobs.

www.verbraucherzentrale.de
Website des Verbraucherzentrale Bundesverbandes, unter der Sie sich zu den Informationen, Kontaktdaten und Publikationen der Verbraucherzentrale Ihres Bundeslandes durchklicken können.

Literaturtipps

Bücher zum Thema Geld für Kinder und Jugendliche

Jan Behling: *Vom Geld. Wie haben die Menschen früher bezahlt? Was ist eine harte Währung? Was macht die Bank mit meinem Geld?*, Kosmos-Uni für Kinder, 2005, ISBN 3-440-10186-X, 6,95 Euro

Nett gemachtes Sachbuch für Grundschulkinder: Jede Seite stellt eine Frage zum Thema Geld und liefert die Antwort dazu.

Rainer Crummenerl (Text) und Klaus Puth (Bilder): *Das will ich wissen: So ist das mit dem Geld*, mit Spielplan und Spielgeld, Arena Verlag 2004, ISBN 3-401-05754-5, 8,50 Euro

Hübsch für jüngere Grundschulkinder. Kommentar von Charlotte (8), die dieses Buch und das von Kosmos gelesen hat: »Das hier hat nicht so viele schwierige Wörter, und die Bilder sind viel schöner!« Das finde ich auch.

Nikolaus Piper: *Felix und das liebe Geld. Roman vom Reichwerden und anderen wichtigen Dingen.* Überarbeitete Neuauflage 2008, Beltz & Gelberg, ISBN 978-3-407-74079-3, 8,95 Euro

Ein ebenso unterhaltsamer wie spannender und lehrreicher Geld-Krimi für Kinder ab zehn oder elf Jahren. Felix und sein Freund Peter wollen reich werden und probieren dazu allerlei Wege aus: vom ersten Nebenjob (Rasenmähen) über unternehmerische Investitionen (in Hühner, deren Eier verkauft werden) bis hin zur Anlage in Aktien und Verlusten mit Warentermingeschäften. Die Begriffe und Zusammenhänge rund ums Geld werden sehr anschaulich erklärt, ohne dass deswegen die Lesbarkeit und die Spannung leiden.

Rezension von Eleonore (11): »Es ist spannend und man kann viel daraus lernen. Aber die ganzen Begriffserklärungen hinten habe ich nicht nachgelesen.«

Dr. Sabina Wefing: *Der kleine Finanzcoach. »Es ist nie zu früh«.* Jugendliche und Finanzen – Schüler. 2. Auflage 2009, ISBN 978-3-94021704-2, 12,90 Euro

Ein erster Geldratgeber für Schüler ab etwa zwölf Jahren, der neben kindgerechten Erklärungen zu den Themen Lebensunterhalt, Taschengeld, Versicherungen, Geldanlage und Altersvorsorge auch praktische Arbeitshilfen wie eine Taschengeld-Verwendungstabelle oder eine Sparplanberechnung bietet. Das Buch bleibt zwangsläufig etwas oberflächlich, eignet sich aber hervorragend als Gesprächs- und Diskussionsgrundlage und damit als Einstieg in die Wissensvermittlung rund ums Geld.

Aus dieser Reihe gibt es weitere Bände derselben Autorin, die sich an Azubis und Studenten richten.

Verbraucherzentrale: *Erfolgreich jobben, Geld verdienen neben Schule und Studium*, 1. Aufl. 2004, ISBN 3-933705-90-8, 9,80 Euro

Handlicher Ratgeber zu allen rechtlichen und praktischen Fragen rund ums Jobben, der sich direkt an die Jugendlichen wendet und trotz einer gewissen Trockenheit der Materie gut verständlich geschrieben ist.

Barbara Kettl-Römer und Cordula Natusch: *Niemals pleite! Der Geldratgeber für junge Leute*. FinanzBuch Verlag 2009, ISBN 978-3-89879-426-8, 14,90 Euro

Das ideale Geschenk für junge Leute, die den ersten eigenen Hausstand gründen und erstmals vor der Herausforderung stehen, ihren Lebensunterhalt selbst zu organisieren und zu finanzieren. Mit vielen praktischen Tipps, Übungen und Beispielen. Auf der beigelegten CD finden sich unter anderem ein Haushaltsbuch, ein Zins- und ein Kreditrechner.

Bücher und Informationen zum Thema Geld und Gelderziehung für Eltern

Verbraucherzentrale Bundesverband: *Schuldenreport 2009, Fakten, Analysen, Perspektiven*, ISBN 978-3-936350-58-6, 9,90 Euro

Brent Kessel: *It's Not About The Money, Unlock Your Money Type to Achieve Spiritual and Financial Abundance*, HarperOne 2008, ISBN-13 978-0061234064, 24,75 Dollar

Leider nur auf Englisch erhältliches Werk des US-amerikanischen Finanzberaters und Yoga-Fans Brent Kessel, der klarsichtig und praxisnah die verschiedenen Geldstile, ihre Ursachen und Auswirkungen beschreibt und Wege aufzeigt, wie extreme Stile ausbalanciert werden können. Eine sehr empfehlenswerte Lektüre, die mit guten Schulenglisch-Kenntnissen problemlos zu bewältigen ist!

Register

Die richtige Finanzplanung - simplified

Antonio Sommese

Heutzutage kann es sich eigentlich niemand mehr leisten, sich nicht mit Geld zu beschäftigen. Staatliche Sicherungssysteme werden mehr und mehr abgebaut, die gesetzliche Rentenversicherung schrumpft auf eine Minimalversorgung, und Risiken wie Berufsunfähigkeit werden plötzlich zur Privatangelegenheit. Gleichzeitig appellieren Staat, Unternehmen, Banken, Versicherungen und Medien permanent an die Eigenverantwortung der Bürger. Dieses Buch will den Lesern Mut machen, das Thema Geld rational, optimistisch und eigenverantwortlich anzugehen. Antonio Sommese erklärt dem Leser, was er von einer fairen und unabhängigen Beratung erwarten kann. Anhand von Fällen aus der Praxis zeigt Sommese, wie sich der Umgang mit dem eigenen Geld erlernen lässt und sogar Spaß machen kann.

314 Seiten | Hardcover | 12,90 € (D) | 13,30 € (A) | sFr. 22,50 | ISBN 978-3-89879-247-9
Mehr Informationen zu Investmentthemen finden Sie unter www.portfoliojournal.de

Mehr Geld im Alter - simplified

Walter Hubel

In wenigen Jahren ist jeder dritte Bundesbürger über 60 Jahre alt. Wir werden immer älter, gleichzeitig beginnt der Ruhestand immer früher. Bereits heute sind nur noch 38 Prozent der 55- bis 64-Jährigen erwerbstätig. Die Renten aber – das ist inzwischen jedem klar geworden – sind ihrer Höhe nach nicht sicher. Um auch in Zukunft einen angemessenen Lebensstil aufrechterhalten zu können, ist es wichtig, die Altersfinanzierung selbst in die Hand zu nehmen und entsprechend vorzusorgen.

314 Seiten | Hardcover | 12,90 € (D) | 13,30 € (A) | sFr. 22,50 | ISBN 978-3-89879-216-5
Mehr Informationen zu Investmentthemen finden Sie unter www.portfoliojournal.de

Börsen-Lexikon - simplified

Horst Fugger

Von A wie Anleihe bis Z wie Zyklische Aktien - dieses topaktuelle Börsenlexikon mit einer Fülle von Informationen ist das ideale Nachschlagewerk für Studierende, Geldanleger und Finanz- und Börseneinsteiger. Horst Fugger erklärt alle wesentliche Begriffe rund um die Börse.

201 Seiten | Hardcover | 12,90 € (D) | 13,30 € (A) | sFr. 22,50 | ISBN 978-3-89879-191-5
Mehr Informationen zu Investmentthemen finden Sie unter www.portfoliojournal.de

Insiderwissen: Silber – simplified

David Morgan

»Eine Zunge aus Silber haben« heißt Weisheit und Intelligenz zu besitzen. Jedoch ist vielen Anlegern nicht bewusst, welches enorme Potenzial in diesem Edelmetall steckt. Denn im Gegensatz zu Gold fristet Silber immer noch ein tristes Dasein. David Morgan zeigt dem Leser, weshalb genau jetzt der richtige Zeitpunkt ist, in Silber zu investieren. Sein Buch ist eine profunde Einführung in alle Investitionsmöglichkeiten und in die Qualitäten eines Elements, das in unserem digitalen Zeitalter so unerlässlich geworden ist, dass man es als lebenswichtig einstufen kann. Ergreifen Sie eine Chance, die sich nur selten bietet. Seien Sie dem Gros der Anleger, die das ganze Potenzial von Silber-Investments immer noch nicht erkannt haben, einen Schritt voraus.

112 Seiten | Hardcover | 12,90 € (D) | 13,30 € (A) | sFr. 22,50 | ISBN 978-3-89879-356-8
Mehr Informationen zu Investmentthemen finden Sie unter www.portfoliojournal.de